凉山州决策咨询委员会重点项目资助（2013年度）

山区农民专业合作社的探索与实践
——来自凉山彝族自治州的实证研究

SHANQU NONGMIN ZHUANYE HEZUOSHE DE TANSUO YU SHIJIAN
LAIZI LIANGSHAN YIZU ZIZHIZHOU DE SHIZHENG YANJIU

张千友　蔡光泽◎著

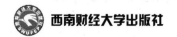

西南财经大学出版社

图书在版编目(CIP)数据

山区农民专业合作社的探索与实践:来自凉山彝族自治州的实证研究/
张千友,蔡光泽著.—成都:西南财经大学出版社,2015.1
ISBN 978 - 7 - 5504 - 1802 - 8

Ⅰ.①山⋯ Ⅱ.①张⋯②蔡⋯ Ⅲ.①山区—农业合作社—专业合作
社—研究—凉山彝族自治州 Ⅳ.①F321.42

中国版本图书馆 CIP 数据核字(2015)第 027215 号

山区农民专业合作社的探索与实践
——来自凉山彝族自治州的实证研究

张千友 蔡光泽 著

责任编辑:孙 婧
封面设计:墨创文化
责任印制:封俊川

出版发行	西南财经大学出版社(四川省成都市光华村街 55 号)
网 址	http://www.bookcj.com
电子邮件	bookcj@foxmail.com
邮政编码	610074
电 话	028 - 87353785 87352368
照 排	四川胜翔数码印务设计有限公司
印 刷	郫县犀浦印刷厂
成品尺寸	170mm × 240mm
印 张	12.5
字 数	250 千字
版 次	2015 年 1 月第 1 版
印 次	2015 年 1 月第 1 次印刷
书 号	ISBN 978 - 7 - 5504 - 1802 - 8
定 价	68.00 元

前 言

在 2013 年的中央一号文件中，明确提出"农民合作社是带动农户进入市场的基本主体，是发展农村集体经济的新型实体，是创新农村社会管理的有效载体"。2014 年的中央一号文件是新世纪以来连续第 11 个关注三农问题的中央一号文件，文件强调要鼓励发展专业合作、股份合作等多种形式的农民合作社，引导规范运行，着力加强能力建设。党的十八届三中全会决定中要求："鼓励农村发展合作经济，扶持发展规模化、专业化、现代化经营，允许财政项目资金直接投向符合条件的合作社，允许财政补助形成的资产转交合作社持有和管理，允许合作社开展信用合作社。"凉山光热丰富，雨量充沛，立体气候特征明显，农业和生物资源极具特色，具有发展现代农业的先天优势。自2007 年《中华人民共和国农民专业合作社法》实施以来，凉山州农民专业合作社发展势头良好。截止到 2013 年 6 月底，凉山州在工商行政管理部门登记成立的农民专业合作社已经达到 1031 家，并且以每年近 200 家的速度高速增长。然而在高速增长的同时，这些新兴的农业经营组织形式生存状况如何？在发展过程中还面临哪些主要困难？内部治理机制以及经营绩效等情况怎样？这些问题是无法从合作社发展的这些绝对数字上得到答案，但这些问题又是下一步发展新型农业经营体系和创新农业经营组织形式亟须回答的现实问题。

本研究选择凉山州西昌市、会理县、德昌县、会东县、普格县等县市作为调研对象，采取入户访谈、填写调查问卷等方式获取第一手原始资料，利用SPSS 统计分析、五点量表法、典型案例分析等研究方法，全面系统地探索凉山农民专业合作社发展的整体成效、生存现状、内部治理等内容。在此基础上，结合田野调查的实际情况，采取归纳和演绎相结合的研究方法，提炼出凉山新型农民合作社发展面临的七大问题，以期引起决策者、实践者以及关心凉山农民专业合作社发展的各位读者关注。

（1）发展资金缺乏，融资渠道偏少。笔者在调研中了解到"缺少资金，贷不到款"的问题，已经成为合作社面临的最主要的困难，有五成以上的调查对象都将该问题作为合作社发展面临的最大困难。因为缺钱,合作社难以扩大生产规模,做大做强,分享规模经济带来的收益。

(2)流转土地困难,租赁成本高。随着我国工业化、城镇化的快速推进,耕地面积日益减少。尽管国家划定了18亿亩耕地红线,部分地区也坚持土地占补平衡政策,但是真正适宜农业生产的优质土地面积仍然在急剧减少。农业用地供给日趋减少,而需求在不断增加,其结果是土地价格不断上涨;尤其是交通便利、靠近城镇的土地价格,在城市商业地产价格的带动下,节节高升。合作社面临的困难还在于尽管有如此高企的土地租金,部分合作社依然找不到适宜耕作的土地,特别是集中连片的耕地。

(3)劳动力素质不高,新型职业农民群体难以形成。在我国农业生产领域的比较效益长期偏低,农业劳动日工价远远低于城市务工工价,导致农村青壮年农业劳动力大量转移到城镇二三产业就业,广大农村只留下"386199"部队。以西昌市为例,农民专业合作社理事长的平均年龄为45岁,受教育平均年限为9年。在调研中,几乎没有看到青年人领办合作社的情况,大学生以及大学生村官领办、参与合作社的案例也十分少见。

(4)农业技术缺乏,科技兴农任重道远。接受调查的绝大多数农民专业合作社,难以在技术上实现新突破,甚至没有在技术上投入过多的力量。这些合作社以种植大路蔬菜、水果为主,或者养殖商品猪、商品鸭等,没有找到自己的核心业务,在市场中也缺乏竞争力。最终导致合作社缺乏凝聚力,成员之间利益联结机制松散,社员参与合作社的积极性不高。

(5)合作社组织松散,部分合作社名存实亡。笔者在调研过程中,发现有一部分合作社已经解散,有的合作社已经停止开办活动,还有的合作社利益联结机制松散,社员参与合作社的积极性不高。据调查,有一部分合作社自成立一开始就定位不准确,或者是冲着国家扶持项目资金去的,没有形成自己的主导产业,缺乏拳头产品,在市场上没有竞争力。这样的合作社最后只能解散或者名存实亡,这是市场经济自然选择的结果。

(6)产品缺乏销售平台,市场推广难度大。目前国内果蔬市场流通环节过多,流通费用居高不下,"卖菜难"与"买菜贵"的问题长期并存。农民专业合作社在帮助社员销售产品的过程中,也经常遭遇产品"难卖"的问题。

(7)农业保险体系缺失,面临"自然+市场"双重风险威胁。农业属于弱质产业,受到自然和市场双重风险的威胁,使农业成为了高风险低回报的行业之一。世界各国都对农业进行财政补贴,这已经成为世界各国通行的做法,只要在WTO"黄箱政策""绿箱政策"等政策框架之内,都应当积极支持。在调查中发现,凉山农民专业合作社在农业生产经营过程中,常常受到"自然+

市场"双重风险的威胁。

针对上述问题，笔者一一谋划了相应的破解之策。研究获得的意见和建议形成了专题研究报告《凉山新型农民合作组织生存现状调查及发展对策研究》，并在《凉山决策与咨询》上发表，这些研究成果对促进凉山农民专业合作社持续健康发展，对创新凉山农业经营体制，对培育凉山农业生产领域的新型主体都具有重要现实意义。2013 年 12 月 30 日，凉山州州委翟占一书记对《关于<凉山新型农民合作组织生存现状调查及发展对策研究>专题研究报告的报告》作了重要批示，要求相关领导及部门转化研究成果。

管理学本身属于经验学科。为此，在调查研究过程中，笔者特别关注凉山州新型农民合作组织发展的成功经验，收集了大量的优秀合作社案例素材，并按照种植业、畜牧业、服务业、林业等划分标准，选择了部分典型的合作社，分别从他们的成立过程、内部管理、经营状况、利润分配等方面进行梳理，条分缕析，尽可能地还原每一家合作社的真实情况。在每一个典型案例之后，还针对合作社的特点进行案例评析，以期达到抛砖引玉的作用。在合作社案例的选择上，兼顾行业性、代表性、资料的可获得性等方面综合考虑，仅仅选择了凉山州内的一部分合作社案例，凉山州还有许许多多优秀的合作社，要么是没有列入课题调研区域，要么是类似合作社数量较多，实在难以取舍，挂一漏万，在此仅表示歉意。对没有调研到的优秀合作社，力争在以后的研究过程中进行补充和完善。

本研究项目经费由凉山州决策咨询委员会资助。在调查中得到了凉山州农业局，西昌市、德昌县、会理县、会东县、普格县等县市农业局、政府办等相关部门的关心和大力支持，谨此表示深深的谢意！在研究过程中，还得到西昌学院校长、凉山州决策咨询委员会副主任夏明忠教授、凉山州决策咨询委员会副主任戚天福和邱宝奎两位同志的悉心指导，在此表示感谢。另外，西昌学院经济与管理学院农村区域发展本科专业的学生张桃源、刘健、朱星月、蒋天伟、杜峰、蒋成等同学参与了本课题调研活动，没有他们的支持，课题研究是无法完成的，在此一并表示感谢。

感谢凉山州决策咨询委员会、凉山州科技局以及西昌学院科技处对本研究顺利完成提供的指导和经费保障。

本书由张千友博士策划全书内容、章节，提出全书写作的总体方案。其中，第一部分第一、二、四、五章和第二部分第七、八、九、十、十一章由张千友博士撰写，第一部分第三、六章由蔡光泽教授撰写。全书由蔡光泽教授统稿并修改定稿。

作者

2015 年 1 月

目　录

第一部分　研究报告

1　导论／ 3

1.1　研究背景、目的和意义／ 3

1.1.1　研究背景／ 3

1.1.2　研究目的／ 5

1.1.3　研究意义／ 5

1.2　研究方法和技术路线／ 6

1.3　数据来源／ 6

2　理论基础及相关文献综述／ 8

2.1　理论基础／ 8

2.1.1　经典合作社原则／ 8

2.1.2　公司治理理论／ 9

2.2　相关文献综述／ 11

2.2.1　相关概念的界定／ 11

2.2.2 合作社治理机制研究综述 / 15

3 凉山农民专业合作社发展概况及整体成效 / 19

3.1 凉山农民专业合作社的基本状况 / 19

3.1.1 凉山农民专业合作社发展的概况 / 19

3.1.2 西昌市农民专业合作社的发展情况 / 20

3.1.3 相关县农民专业合作社的发展情况 / 22

3.2 凉山农民专业合作社发展取得的整体成效 / 25

3.2.1 提升农业综合生产力，加速现代农业进程 / 25

3.2.2 促进农业科技推广，推动高效安全农业 / 26

3.2.3 延伸农业产业链，促进农民增收 / 27

3.2.4 激活农村生产要素，创新农业经营机制 / 28

3.2.5 创新农业生产方式，促进循环农业发展 / 28

4 凉山农民专业合作社生存现状 / 30

4.1 凉山农民专业合作社发展的基本情况 / 30

4.1.1 合作社的生命周期 / 30

4.1.2 合作社的核心社员情况 / 31

4.1.3 合作社的社员规模 / 31

4.1.4 合作社带动农户的情况 / 33

4.1.5 合作社主要经营业务情况 / 33

4.1.6 合作社的发起组建者 / 35

4.1.7 依托组织或者单位以及接受监管情况 / 37

4.1.8 合作社市场竞争环境状况 / 38

4.1.9 合作社注册资金的情况 / 38

4.2　合作社内部管理机构／40

　4.2.1　合作社理事长的情况／40

　4.2.2　合作社理事会的情况／42

　4.2.3　合作社监事会的情况／44

5　凉山新型农民合作组织内部治理机制／46

5.1　股权结构／46

　5.1.1　合作社股权结构／46

　5.1.2　凉山州合作社股权结构现状／47

5.2　决策机制／48

　5.2.1　合作社决策机制／48

　5.2.2　凉山州合作社决策机制现状／49

5.3　经营管理机制／51

　5.3.1　合作社进入和退出机制／51

　5.3.2　生产经营机制／53

5.4　利润分配机制／59

　5.4.1　合作社分配方案的制订／59

　5.4.2　合作社收益分配方式／60

　5.4.3　二次返利情况／60

　5.4.4　股金收益情况／61

5.5　内部监督机制／62

　5.5.1　合作社监督机制／62

　5.5.2　凉山州合作社监督机制运行情况／63

6 凉山农民专业合作社发展的障碍及对策 / 66

6.1 发展资金缺乏，融资渠道偏少 / 66

6.1.1 问题描述 / 66

6.1.2 对策建议 / 66

6.2 流转土地困难，租赁成本高 / 69

6.2.1 问题描述 / 69

6.2.2 对策建议 / 69

6.3 劳动力素质不高，新型农民群体难以形成 / 71

6.3.1 问题描述 / 71

6.3.2 对策建议 / 72

6.4 农业技术缺乏，科技兴农任重道远 / 74

6.4.1 问题描述 / 74

6.4.2 对策建议 / 74

6.5 合作社组织松散，部分合作社名存实亡 / 75

6.5.1 问题描述 / 75

6.5.2 对策建议 / 77

6.6 产品缺乏销售平台，市场推广难度大 / 78

6.6.1 问题描述 / 78

6.6.2 对策建议 / 78

6.7 农业保险体系缺失，面临"自然+市场"双重风险威胁 / 80

6.7.1 问题描述 / 80

6.7.2 对策建议 / 81

第二部分 典型案例及评析

7 种植业农民专业合作社 / 85

7.1 西昌市幸坤石榴种植专业合作社 / 85

7.1.1 基本情况 / 85

7.1.2 利润分配方式 / 85

7.1.3 新品种培育 / 86

7.1.4 案例评析 / 87

7.2 西昌市白水沟特色种植专业合作社 / 88

7.2.1 基本情况 / 88

7.2.2 运作模式——生产合作 / 89

7.2.3 案例评析 / 90

7.3 西昌市冬阳草莓专业合作社 / 91

7.3.1 基本情况 / 92

7.3.2 严格控制产品质量 / 92

7.3.3 将农业向二、三产业延伸 / 93

7.3.4 案例评析 / 94

7.4 西昌市新华油桃水果专业合作社 / 94

7.4.1 基本情况 / 94

7.4.2 内部管理日趋规范 / 95

7.4.3 营销团队积极开拓市场 / 95

7.4.4 农技创新小组展开科技攻关 / 96

7.4.5 案例评析 / 96

7.5 西昌市山野香蒜产销专业合作社 / 98

7.5.1　合作社基本情况 / 98

7.5.2　规范的内部管理 / 98

7.5.3　社员平均出资，共同参与合作社事务 / 99

7.5.4　注重食品安全，拓宽产品销路 / 99

7.5.5　政府扶持，助力合作社快速成长 / 99

7.5.6　案例评析 / 100

8　畜牧业农民专业合作社 / 101

8.1　西昌市鑫源养猪专业合作社 / 101

8.1.1　合作社基本情况 / 101

8.1.2　标准化现代养殖小区 / 101

8.1.3　规范的内部管理制度 / 102

8.1.4　生态放心肉生产模式 / 102

8.1.5　案例评析 / 103

8.2　西昌市伊星养殖产销专业合作社 / 108

8.2.1　基本情况 / 108

8.2.2　管理制度健全 / 108

8.2.3　生产经营状况 / 109

8.2.4　收益分配方式 / 109

8.2.5　独特的饲养加工方式 / 109

8.2.6　案例评析 / 110

8.3　西昌市原野蜂业产销专业合作社 / 110

8.3.1　基本情况 / 111

8.3.2　管理制度健全 / 111

8.3.3　经营状况 / 112

8.3.4 利润分配情况 / 113

8.3.5 案例评析 / 113

8.4 西昌市康达奶牛养殖专业合作社 / 113

8.4.1 合作社基本情况 / 114

8.4.2 "农户+合作社+公司"的经营模式 / 114

8.4.3 产品质量控制 / 114

8.4.4 案例评析 / 115

8.5 会理县明荣科技养殖专业合作社 / 115

8.5.1 基本情况 / 116

8.5.2 内部管理规范有序 / 116

8.5.3 经营业绩成效显著 / 116

8.5.4 案例评析 / 117

9 服务业农民专业合作社 / 118

9.1 西昌市安宁农村经济互助专业合作社 / 118

9.1.1 合作社的成立 / 118

9.1.2 基本情况 / 119

9.1.3 合作社的内部治理 / 120

9.1.4 投放互助金，社员尝甜头 / 120

9.1.5 风险控制 / 121

9.1.6 农民综合合作体的设想 / 121

9.1.7 案例评析 / 121

9.2 西昌市佑君镇农民资金互助专业合作社 / 123

9.2.1 合作社的成立 / 123

9.2.2 经济效益 / 124

9.2.3　合作社的内部管理 / 124

9.2.4　勇于承担社会责任 / 124

9.2.5　案例评析 / 125

9.3　西昌鑫农农机专业合作社 / 126

9.3.1　合作社基本情况 / 126

9.3.2　经营资产规模 / 126

9.3.3　发展面临的困难 / 127

9.3.4　案例评析 / 127

10　林业农民专业合作社 / 130

10.1　会理县东虹核桃专业合作社 / 130

10.1.1　基本情况 / 130

10.1.2　经营状况 / 131

10.1.3　利润分配方式 / 131

10.1.4　合作社产品特色 / 132

10.1.5　案例评析 / 132

10.2　德昌县精品梨农民专业合作社 / 133

10.2.1　基本情况 / 133

10.2.2　内部管理完善 / 134

10.2.3　合作社经营状况 / 134

10.2.4　利润分配情况 / 135

10.2.5　案例评析 / 135

10.3　西昌市百门食用菌专业合作社 / 136

10.3.1　基本情况 / 136

10.3.2　"社员+科技+资本+产加销项目"经营模式 / 137

10.3.3　坚持走品牌化道路，促进合作社健康发展 / 137

10.3.4　多元化投资分配方案，让农民变股东 / 138

10.3.5　实施产业化经营，延伸产业链条 / 138

10.3.6　案例评析 / 139

10.3.7　附件：合作社分配制度和分配方案 / 140

11　其他类农民专业合作社 / 144

11.1　会东县农民专业合作社联合会 / 144

11.1.1　合作社联合会成立情况 / 144

11.1.2　合作社联合会的成员 / 144

11.1.3　合作社联合会的内部管理 / 146

11.1.4　会东县农民专业合作社联合会服务公约 / 147

11.1.5　案例评析 / 148

11.2　会东县兴龙梅花鹿养殖合作社 / 150

11.2.1　基本情况 / 150

11.2.2　合作社的管理状况 / 151

11.2.3　经营状况 / 151

11.2.4　利润分配情况 / 152

11.2.5　案例评析 / 152

11.3　冕宁县农旺合作社 / 153

11.3.1　建设村的基本情况 / 153

11.3.2　合作社的经营模式 / 153

11.3.3　收益分配方式 / 154

11.3.4　案例评析 / 154

11.4　会东县台资合办的农民专业合作社 / 155

　　11.4.1　基本情况 / 156

　　11.4.2　经营管理模式及成效 / 156

　　11.4.3　未来发展规划 / 157

　　11.4.4　案例评析 / 157

11.5　西昌市晓云生态水产养殖产销专业合作社 / 158

　　11.5.1　基本情况 / 158

　　11.5.2　内部管理状况 / 158

　　11.5.3　合作社的经营状况 / 159

　　11.5.4　利润的分配方式 / 159

　　11.5.5　案例评析 / 160

附录1　凉山州部分县（市）调研合作社名单一览表 / 161

　西昌市 / 161

　德昌县 / 168

　会理县 / 172

　会东县 / 174

附录2　《中华人民共和国农民专业合作社法》/ 175

主要参考文献 / 184

第一部分　研究报告

1 导 论

1.1 研究背景、目的和意义

1.1.1 研究背景

合作运动兴起于 18 世纪的欧洲,迄今为止已有 200 多年的历史。在世界合作运动史上,英法等国劳动者最初组织的是消费合作组织,后来在向世界各国传播、发展过程中,因地制宜发展出生产、信用、供销等许多形式。到 20世纪初期,合作经济已经成为许多资本主义国家经济体系中的一支重要力量,农业领域推行合作制度的成效尤为显著。几乎所有的发达国家,农户之间的联合和合作都得到了充分的发展。发达国家的经验表明,合作经济可以有效弥补市场机制缺陷和政府职能的不足,在国家转型期发挥积极作用。

2013 年中央一号文件是新世纪以来连续第十个关注"三农"问题的一号文件。文件中最突出的亮点,就是按照党的十八大精神,明确提出要创新农业生产经营体制,要着力构建集约化、专业化、组织化、社会化相结合的新型农业经营体系。文件强调"农民合作社是带动农户进入市场的基本主体,是发展农村集体经济的新型实体,是创新农村社会管理的有效载体"①。在中央"一号文件"的基础上,2013 年 2 月,四川省委发布"一号文件",结合四川"三农"实际出台,也明确提出"农业经营体制机制创新有新部署"。农民合作组织是在尊重和保障农户生产经营主体地位的前提下,创新农业生产经营组织的重要形式。

中国当前正处于现代化转型的关键时期,"三农"问题相对更为突出。改

---

① 中共中央国务院关于加快发展现代农业进一步增强农村发展活力的若干意见 [N]. 经济日报, 2013-02-01.

革 30 多年来，随着计划经济体制的逐步取消，市场经济体制的逐步确立，传统的农业生产、流通组织，有的已经解体，有的正在改制转型。2007 年《中华人民共和国农民专业合作社法》（以下简称《农民专业合作社法》）正式实施以来，各种农民合作组织的发展速度呈现加快之势，有效地促进了农业产业化经营，推动了我国现代农业的发展。

尤其是近年来，合作社呈现蓬勃发展的良好势头。据统计，截止到 2010 年年底，全国依法登记的农民专业合作社已达 37.91 万家，比 2007 年《农民专业合作社法》实施前翻了一番，较 2009 年年底增长超过 40%，平均每月新增 1 万家；实有入社农户约 2900 万，约占全国农户总数的 10%；全国平均每两个行政村就有 1 家合作社，平均每 10 户农户就有 1 户加入合作社。从 2007 年年底到 2010 年年底，全国在工商部门登记的合作社数量由 2.64 万家增长为 37.91 万家，增长 35.27 万家，增长 13.4 倍；在工商部门登记合作社成员数由 35 万户增长为 715.57 万户，增长 19.4 倍，社均登记成员数从 13 户增长为 18 户；实有成员数从 210 万户增长为 2900 万户，增长 12.8 倍。[1]

截至 2011 年年底，农民专业合作社总数达 50.9 万，其中，被农业部门认定为示范社的为 6.5 万，占合作社总数的 12.8%。山东、江苏、山西、河南、浙江、吉林、黑龙江 7 省合作社数占合作社总数的 54.9%。农民专业合作社实有成员达 3444.1 万个（户），比 2010 年年底增长 26.6%，平均每个合作社有近 70 个成员；通过合作社带动非入社成员 5366 万户，比 2010 年年底增长 26.4%，平均每个合作社带动 105 户。[2]

截至 2012 年 3 月底，全国依法注册登记的农民专业合作社超过 55 万家，其中，近 5 年的发展量相当于之前 28 年各类合作经济组织总量的 3.7 倍。全国合作社数量平均每月增加约 1 万家，已经覆盖了全国 91.2% 的行政村；实有入社成员 4300 多万，覆盖了全国 17.2% 的农户；每个合作社平均有近 80 名成员。目前，农民专业合作社正从横向合作向纵向合作深化，从单一功能向多种功能拓展，从传统合作向新型合作演变，从农户间合作向社际协作迈进。[3] 但是，各地合作社的发展情况有很大差别。在东部发达地区，合作社的治理机制

---

[1] 农业部农村经济体制与经营管理司，农业部农村合作经济经营管理总站，农业部管理干部学院. 中国农民专业合作社发展报告（2006—2010）[R]. 北京：中国农业出版社，2011：1-2.

[2] 农业部经管司经管总站. 2011 年全国农民专业合作社发展情况 [EB/OL] [2012-03-28]. http：//www. caein. com/index. asp? xAction = xReadNews&NewsID = 80296.

[3] 参见国务院原副总理回良玉在全国农民专业合作社经验交流会上的讲话"全面提升农民专业合作社的发展水平和质量"，《农民日报》，2012 年 7 月 6 日。

正在日趋完善；在西部欠发达地区，合作社正处于起步阶段，合作社发展的整体状况、内部治理机制、自生能力等问题还没有被充分重视。

1.1.2 研究目的

凉山地处四川西南部，属于典型的山区地带，在地理上构成独立的地理单元。凉山农业资源极其丰富，被誉为"川南粮仓"和各类动植物的"基因库"。然而，与全国相比，经济社会发展水平总体滞后，工业化、城镇化起步较晚，目前，全州农业产值比重仍然偏大，城镇人口比重仍然比较低，大量农村人口仍然滞留在农业生产部门，农民合作组织发展也相对落后。据统计，2011 年，凉山州农业产值占地区生产总值比重为 19.5%，几乎是全国平均水平（全国平均水平为 10.04%）的两倍。尽管如此，自《农民专业合作社法》（2007 年）实施以来，凉山州农民专业合作社发展还是呈现了较好的发展势头。据统计，截止到 2013 年 6 月底，凉山州农民专业合作社已经发展到 1031家，以每年近 200 家的速度高速增长。[①] 然而在快速增长的同时，这些新兴的经营组织形式生存状况如何？在发展过程中还面临哪些主要困难？内部治理机制以及经营绩效等情况怎样？这些问题是无法从合作社发展数量上这些绝对数字上得到答案的，但这些问题又是下一步凉山发展新型农业经营体系和创新农业经营组织形式亟须回答的现实问题。

1.1.3 研究意义

本课题研究意义如下：①在微观层面，寻找合理的合作社治理机制，促进合作社内部管理规范。通过对于凉山州农民专业合作社的生存状况的调查研究，拟构架出更合理的合作社决策机制和激励约束机制，以利于合作社社员发扬互助合作的精神，能实现利益共享、风险共担，有效提高参与合作社农户的收入，实现共同富裕，为集体所有制在市场经济条件下找到一种可行的实现形式。②在中观层面，采取归纳法，总结梳理凉山州合作社发展中存在的普遍困难，寻找背后的原因所在，为地方政府决策者提供具有预见性和可操作性的政策建议。③在宏观层面，通过田野调查，掌握凉山州合作社发展的基本情况，研判未来 10 年合作社发展的趋势。凉山新型农民合作组织的生存与发展，事关凉山特色农业产业化战略的深入实施，事关凉山农业现代化目标的顺利实现，事关全域凉山全面建成小康社会宏伟目标的顺利实现。在党和国家提出创

---

① 该数据由凉山州农业局提供。

新农业生产经营体制之际，尤其显得任务紧迫，意义重大。

1.2　研究方法和技术路线

　　本研究借鉴经典合作社原则、马克思主义合作理论以及公司治理理论，将田野调查方法与问卷调查相结合，采用描述统计方法分析合作社发展现状、治理机制现状，并做出总结，在此基础上提出促进合作社发展的政策建议。具体技术路线图如图 1-1 所示。

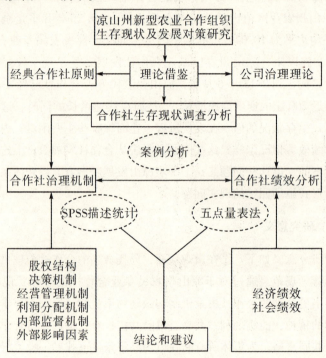

图 1-1　研究技术路线示意图

1.3　数据来源

　　本研究以 2007 年 7 月 1 日《农民专业合作社法》正式实施以来，在工商局注册的合作社作为研究对象。2013 年 6 月至 11 月，课题组对凉山州 150 余家符合研究条件的合作社进行了问卷调查，共发放问卷 150 份，回收有效问卷 110 份，有效回收率为 73.33%。

此次调查过程中，在西昌市主要采取田野调查法，采取实地走访、投放问卷等调查方式，在德昌县、会理县、会东县和普格县主要采取实地走访、典型合作社座谈交流等方式，收集材料。调查样本区域的确定，主要结合地形地貌、经济发展水平、地理区位等关键指标直接遴选典型县域。在五个县（市）中，西昌市、德昌县主要位于安宁河谷平坝地带，会理县、会东县、普格县主要位于山区地带，其中普格县位于大凉山彝区。因此，调查样本的选择，符合凉山区域经济发展的基本情况，也符合凉山地形地貌的整体分布，本书的研究结果，能够在一定程度上反映凉山州合作社发展的整体情况。

本书所用数据若未加特别说明，全部来自此次调查。

2　理论基础及相关文献综述

2.1　理论基础

2.1.1　经典合作社原则

英国的罗虚戴尔①公平先锋社是世界上第一个合作社。以何瓦斯（Charles Howarth）②为首的合作社领袖给自己的组织制定了基本原则："资本由社员筹集，给予一定利息；职员由社员投票选举，不论股金多少，每人一票，不得代理；男女社员权利一律平等；卖出商品不得短斤少两；现金交易，永不赊账；社员在社内或在普通商店购物有绝对自由权，不得强迫；不仅社员可以来社购物，大众都可以来社购物；社员分配余利，依购物多寡为比例；每年的余利在分配之前，应先提出若干，作为公积金和教育基金。"③后来，这些原则被进一步精简为八条基本原则："第一，资本由社员筹集，给予一定利息；第二，职员由社员投票选举，不论股金多少，每人一票，不得代理；第三，男女社员的权利一律平等；第四，卖出商品不得短斤少两；第五，商品价格必须与市价相同；第六，现金交易；第七，盈余按下列各项分配：一定比例的公积金，教

---

①　关于该镇的汉译名称有多种翻译结果，学者在研究中发现各种用法都存在，比如：罗虚戴尔（彭师勤，1945；吴克刚，1933；胡树芳，1993；张曼茵，2010），罗奇代尔（张晓山、苑鹏，1991），罗虚代尔（洪远朋，1996；蒋玉珉，2008），本书选取比较有代表性的"罗虚戴尔"译法。

②　何瓦斯（Charles Howarth）是罗虚戴尔合作社纲领和原则的主要起草者和倡议人。何瓦斯参加过宪章运动，是欧文的信徒，他在商讨结社原则时坚持两点：第一，社员的购物自由权，反对将在普通商店购物的社员开出合作社。第二，按惠顾额返利制度，主张依据社员购物多寡成比例分配合作社余利使社员有来社购物的动力与激励。转引自：季特. 英国合作运动史［M］. 吴克刚，译. 北京：商务印书馆，1931：51-56。

③　季特. 英国合作运动史［M］. 吴克刚，译. 北京：商务印书馆，1931：52-57.

育基金，按交易额分配红利；第八，政治与宗教中立。"① 何瓦斯的倡议使他名垂青史，按照惠顾额分配盈余制度后来被称为"何瓦斯制度"，罗虚戴尔结社原则后来被称为"罗虚戴尔路线"或"罗虚戴尔原则"，成为世界各国的合作运动的普遍参照模式。1895 年，国际合作社联盟成立，将其确定为基本合作原则。1934 年、1966 年和1995 年，国际合作社联盟对合作社原则作出了一定的修改，以适应时代发展的需要。在这个过程中，有些原则被修订，有些原则被剔除，如"政治与宗教中立""现金交易"等，但合作社运行的一些基本原则得以保存。它们是：①自愿入社；②民主管理；③按惠顾额分配盈余；④资本报酬有限。这些保留下来的原则被用来作为判定一个组织是否是合作社的标准，称为经典合作社原则。这些原则也成为合作社与公司具有本质区别的依据。

围绕经典合作社原则，国内外很多学者将新制度经济学的委托—代理理论、交易费用理论、产权经济学理论等应用到对合作社的理论研究中。虽然有部分学者认为合作社是一种低效率组织，但大多数学者的研究结果表明，经典合作社原则有其理论依据，具有现实指导意义。我国《农民专业合作社法》中对合作社的要求，是遵循了经典合作社原则的②，因此本书在进行相关指标设计以及数据处理时，都是以经典合作社原则为基本评价标准。

2.1.2　公司治理理论

公司治理（Corporate Governance），广义上讲，主要是指通过正式或者非正式、内部或者外部的制度和机制，对公司与所有利益相关者（如员工、客户、供应商、债权人、社会公众）之间关系的协调。狭义上讲，公司治理主要是指公司所有者主要是股东对经营者的一种监督与制衡。公司治理结构，亦称"法人治理结构"，是现代企业制度中最重要的组织架构，主要规范公司企业各权利主体（股东、董事会、高层经理、监事会、其他利益相关者）之间的责权利关系而形成的相互制衡、相互依赖的组织制度。它旨在解决企业法人财产委托代理经营中的监督、激励和风险等问题。股东是公司的所有者，股东大会是公司的权力机构。董事会对股东负责，行使公司决策权力。高层经理对

---

① 蒋玉珉. 合作经济思想史论 [M]. 合肥：安徽人民出版社，2008：83-84.
② 《农民专业合作社法》第三条规定："农民专业合作社应当遵循下列原则：（一）成员以农民为主体；（二）以服务成员为宗旨，谋求全体成员的共同利益；（三）入社自愿、退社自由；（四）成员地位平等，实行民主管理；（五）盈余主要按照成员与农民专业合作社的交易量（额）比例返还。"

董事会负责，主持公司的生产经营管理工作。监事会对董事、高级管理人员执行公司职务的行为进行监督。现代公司的特点之一是所有权与控制权相分离，由此产生了委托代理关系。公司治理结构作为一种制度，就是要通过公司剩余索取权与控制权的安排，解决因所有权与控制权分离而产生的委托—代理问题，尽可能降低代理成本和风险，实现股东价值以及各方面利益的最大化。

公司治理理论源于亚当·斯密的《国民财富的性质和原因的研究》（简称《国富论》，1776）中对代理问题的论述，即在股份制公司中，关于所有权和经营权的分离而产生了一系列的问题，从而应当建立一套行之有效的制度来解决所有者和经营者之间的利益冲突。Berle 和 Means 于 1932 年在对大量的实证材料进行分析的基础上，发现现代公司的所有权和控制权发生了分离，控制权从所有者手中转移到管理者手中，而公司的管理者常常追求个人利益的最大化，而非股东利益的最大化，所以应当强调股东的利益，实现股东对经营者的监督制衡。从此，特别是 20 世纪 80 年代以后，公司治理问题受到理论界越来越多的关注和重视。在公司治理理论的发展过程中，逐渐产生了以"股东利益至上"为基础的单边治理和以"利益相关者"为核心的共同治理两种代表性的治理理论。

以"股东利益至上"为基础的单边治理理论认为，企业是股东的企业，股东拥有企业的全部所有权，企业的目的是股东利益最大化，从而主张"资本雇佣劳动"即物质资本主导治理模式的稳定性和合理性。其代表人物主要有 Shleifer、Vishny 和 Tirole 等。而"利益相关者"共同治理理论认为，公司是一个责任主体，在一定程度上还必须承担社会责任，企业追求的不仅限于最大化股东利益，而且也要考虑其社会价值方面。任何一个企业的发展都离不开各种利益相关者的投入或参与，当这些利益相关者在企业中注入了一定的专用性投资后，他们或是分担了一定的企业经营风险，或是为企业的经营活动付出了代价，就应该参与治理并分享公司控制权和剩余索取权。利益相关者理论的代表人物主要有 Blari、Porter 等。

除去"经典合作社原则"中所规定的合作社基本特征，合作社其他方面和公司几乎是相同的，换句话说，合作社是一种特殊的公司。因此，公司治理理论中的部分内容也适用于合作社内部治理。本书在评价合作社绩效时，采用公司治理理论中的利益相关者共同治理理论，要求合作社不仅要获取合作社经济效益，也要创造社会效益，实现经济效益与社会效益的全面提高。

2.2 相关文献综述

2.2.1 相关概念的界定

2.2.1.1 合作社

关于合作社的思想，最早由空想社会主义者提出。对于什么是合作社？至今很难找到一个大家都能接受的定义，原因在于合作经济思想经过长期的演进，赋予了合作社极其复杂的内涵与外延。

在马克思主义合作制理论中，合作社具有特殊的历史使命，因此也拥有了特定的内涵。马克思和恩格斯在其著作中认为在无产阶级取得国家政权后，实现资本主义私有制向社会主义公有制过渡的最佳组织形式应该选择合作社。在马克思和恩格斯看来，合作社是改造社会的一种政治工具，而不仅仅是一种经济组织。1866 年 8 月，马克思在《给临时中央委员会代表的关于若干问题的指示》中指出："合作运动是改造以阶级对抗为基础的现代社会的各种力量之一。这个运动的巨大价值在于它能实际证明：现在这种使劳动附属于资本的制造贫困的残暴制度，可以被自由平等的生产者联合的造福人民的共和制度所代替。"[①] 1886 年 1 月，恩格斯在致奥·倍倍尔的信中说："至于在向完全的共产主义经济过渡时，我们必须大规模地采用合作生产作为中间环节，这一点马克思和我从来没有怀疑过。"[②] 因此，马克思和恩格斯当时所设想的合作社，并不是作为一种长期存在的经济组织形式，而仅仅是作为向未来共产主义社会过渡的形式，通过"联合起来的合作社按照共同的计划调节全国生产"[③] 走向生产资料的全国性集中。

但是，早在 1844 年，英国罗虚戴尔公平先锋社的成立，赋予"合作社"一词的内涵与上述马克思主义合作社的内涵差异甚大。西方合作经济学者大都认为，罗虚戴尔合作社的成立，标志着近代意义上的合作社的诞生，因为该社第一次相对完整地制定了合作社的基本原则。这些原则后来就被称为"罗虚

---

① 中共中央马克思恩格斯列宁斯大林著作编译局. 马克思恩格斯全集：第 21 卷 [M]. 北京：人民出版社，2003：271.

② 中共中央马克思恩格斯列宁斯大林著作编译局. 马克思恩格斯选集：第 4 卷 [M]. 北京：人民出版社，1995：675.

③ 中共中央马克思恩格斯列宁斯大林著作编译局. 马克思恩格斯选集：第 3 卷 [M]. 北京：人民出版社，1995：60.

戴尔原则"。罗虚戴尔公平先锋社制定的结社原则为西方世界各种合作社的发展壮大提供了思想上和组织上的准备。国际合作社联盟1895年在英国伦敦成立后，将上述原则列入联盟章程，作为国际合作社行动的指南。100多年来，伴随着国际合作运动发展形势的变化，合作原则经历修正。1995年9月，国际合作社联盟在英国曼彻斯特举行了成立100周年的第31届代表大会。与会代表为了适应发展变化的形势并用以指导21世纪的合作运动，进一步修改和重新确立了合作社的基本原则："第一，自愿与开放的社员资格；第二，民主控制；第三，社员的经济参与；第四，自治和独立；第五，教育、培训和信息；第六，合作社之间的合作；第七，关心社区发展"①。经过一个多世纪的演变，在西方合作经济学者看来，合作社有其特定的内涵和外延，作为一种特殊的企业组织形式，合作社的内涵即其本质属性体现于合作社的基本原则之中。合作社的外延是根据基本原则所确定的服务对象的范围，它包括各种类型的合作社，按功能可分为生产性合作社与服务性合作社两大类。

基于对合作社内涵和外延的不同理解，马克思主义合作经济理论和西方合作经济理论长期以来对于合作社的定义存在争议。作为无产阶级革命家，马克思和恩格斯站在无产阶级的立场上，其理论和实践是以推翻生产资料私人占有的资本主义制度，建立生产资料公有的社会主义制度为终极目标。正因为如此，马克思和恩格斯对于合作社的内涵和外延的界定也更多的是从未来无产阶级革命和社会主义制度的建设为主要出发点。这是马克思和恩格斯与其他西方合作理论家及实践家的根本不同点。因此，"在马克思主义合作社思想范畴这里，合作社更多的是被视为改造资本主义生产方式、建立社会主义生产资料公有制和新型经济关系的手段，即从资本主义经济过渡到社会主义经济的手段"②。受其影响，这种"过渡论"合作社思想对"后来社会主义国家合作社组织和制度的选择产生了巨大影响，'过渡论'成为列宁早期实施的共耕社、斯大林的集体农庄、毛泽东领导的农业合作化和人民公社化运动以及其他社会主义国家的合作社实践及合作社立法的指导思想"③。然而，受到经典合作社原则影响的西方合作经济学家则长期坚持和恪守了罗虚戴尔精神。法国合作运动活动家霍魁认为"合作社是人的结合体，而不是资本的非人结合体"；加拿

---

① 张晓山，苑鹏. 合作经济理论与中国农民合作社的实践 [M]. 北京：首都经济贸易大学出版社，2009：5.

② 国鲁来. 合作社的产生及马克思恩格斯的合作社思想 [J]. 马克思主义研究，2008 (3)：43-46.

③ 陈婉玲. 合作社思想的源流与嬗变 [J]. 华东政法大学学报，2008 (4)：120-128.

大学者赖罗说，"合作社是一群人在一般共识下依民主与自助原则而结合在一起共同行动，以满足所有社员和社会的需要"①。

为了尽量统一认识，1995 年国际合作联盟给合作社下了一个非常原则性的定义："合作社是人们自愿联合、通过共同所有和民主管理的企业，来满足共同的经济和社会需求的自治组织。"② 本研究认为，国际合作联盟的这一定义既考虑到马克思主义合作经济理论的认识，也照顾了西方罗虚戴尔原则式的合作理论的理解，它是一个更具有包容性的定义，也更加符合世界各国合作经济组织发展的客观实际。首先，马克思主义合作制理论将合作社作为社会改造的工具，是实现私有制向公有制的过渡的有效组织形式，其理论前提是产品经济条件下的合作，主要将合作社内涵局限在生产领域内的合作；其次，西方罗虚戴尔原则式的合作经济理论本身是从消费领域的合作开始的，更多地关注合作社的经济价值功能，淡化其政治色彩，也存在局限性。因此，为了能够全面涵盖生产合作、流通合作和信用合作等各个领域的合作，吸收马克思主义合作制理论和西方罗虚戴尔原则式合作经济理论的优点，国际合作联盟给合作社下一个更具包容性的定义具有积极意义，这有利于促进世界各个地区的、不同国家的、各种形态的合作经济组织共同发展。

综合来看，本课题的研究将基于对合作社内涵的两种不同的界定来展开分析。1949 年到 1978 年中国在以毛泽东为核心的第一代中央领导人的带领下，主要以马克思主义农业合作化理论为指导，借鉴苏联合作经济发展的经验，探索和实践了农业生产合作社和人民公社等合作经济的组织形式；改革开放以后，新的领导集体及其后继者坚持从实际出发，不断开拓创新、锐意进取，在坚持和发展马克思主义农业合作化理论的基础上，借鉴西方合作经济理论中的合理成分，吸收学术界有益的理论成果，探索出了社区性合作组织以及新兴的农民专业合作组织等多种合作经济的实现形式，大大丰富和发展了有中国特色的农业合作化思想。

2.2.1.2 治理机制

治理机制，也称治理结构，在运用于合作社以前，主要运用于公司，合作社治理机制实际上与公司治理机制相近。Jensen 和 Fama（1983）指出，合作社这类组织是惠顾者与所有者统一的企业。因此，了解了公司治理机制的概念，也就了解了合作社治理机制的概念。

---

① 牛若峰. 当代农村合作经济的新发展 [J]. 中国农村信用合作，2001（02）：14-16.
② 参见：1995 年国际合作社联盟第 31 次代表大会通过的"关于合作社的定义、价值和原则的说明"。

关于公司治理或公司治理结构的概念，最初由国外引进，其英文是"Corporate Governance"。20世纪80年代初期，"公司治理"概念最早出现在经济学文献中。此前的1975年，威廉姆森曾提出的"治理结构"概念已与公司治理的概念十分接近。20世纪90年代初始，中国的经济学界已对公司治理问题开始从各个不同的角度进行介绍和阐述，张维迎（1994）、吴敬琏（1994）等提出要在国企改革中借鉴和吸收当代公司治理理论。接着，理论界在公司治理的内涵（林毅夫，1997）、有效的制度安排（林毅夫，1997）、委托代理问题研究（张维迎，1999）、产权的讨论（张维迎，1999、2000；孙永祥，2001）和治理模式的比较（李维安，2001）等方面均取得了一定的进展。

国外关于公司治理结构的定义主要有两种模式：股东治理模式和利益相关者治理模式。①股东治理模式。Berle and Means（1932）及 Jensen and Meckling（1976）认为，公司治理应致力于解决所有者与经营者之间的关系，公司治理的焦点在于使所有者与经营者的利益相一致。Fama and Jensen（1983）进一步提出，公司治理研究的是所有权与经营权分离情况下的代理人问题，其中心问题是如何降低代理成本。Shleifer and Vishny（1997）认为公司治理要处理的是公司的资本供给者如何确保自己可以得到投资回报的途径问题，公司治理的中心是要保证资本供给者（包括股东和债权人）的利益。上述学者对公司治理的内涵的界定偏重于所有者（一般情况下即为股东）的利益，因此成为"股东治理模式"。②利益相关者治理模式。Cochran and Wartick（1988）认为，公司治理要解决的是高级管理人员、股东、董事会和公司的其他相关利益者相互作用产生的诸多特定的问题。布莱尔（1995）认为公司治理是指有关公司控制权或剩余索取权分配的一整套法律、文化和制度性安排，这些安排决定公司的目标，谁拥有公司，如何控制公司，风险和收益如何在公司的一系列组成人员，包括股东、债权人、职工、用户、供应商及公司所有者之间分配等一系列问题。以上学者对公司治理的阐述把利益相关者放在与股东相同的位置上，称为"利益相关者治理模式"。另外，Denis 等（2001）的观点认为：公司治理机制（Corporate Governance Mechanism）指的是公司的投资者或者利用法律以及公司章程等对投资者权益保护的规定，或者借助市场竞争的自发选择，或者在公司治理理论指导下通过人为的制度设计等来实现的公司控制和降低代理成本的各种机制和制度安排的总称。

国内较有代表性的观点主要有以下四种：①强调公司治理结构的相互制衡作用。国内学者吴敬琏（1994）认为，所谓公司治理结构，是指由所有者、董事会和高级执行人员即高级经理三者组成的一种组织结构。在这种结构中，上述三者之间形成一定的制衡关系。②强调企业所有权或企业所有者在公司治理中的主导作用。张维迎（1994，1999）等人认为，狭义的，公司治理结构是指有关公司董事会的功能、结构、股东的权利等方面的制度安排；广义的，它是指有关公司控制权和剩余索取权分配的一整套法律、文化和制度性安排。这些安排决定公司的目标，谁在什么状态下实施控制、如何控制，风险和收益如何在不同企业成员之间分配这样一些问题。广义的公司治理结构与企业所有权安排几乎是同义的，或者更准确地讲公司治理结构只是企业所有权安排的具体化，企业所有权是公司治理结构的一个抽象概括。③强调利益相关者在公司治理中的权益要受保护。杨瑞龙（1999）等人认为，在政府扮演所有者角色的条件下，沿着"股东利益至高无上"的逻辑，改制后的国有企业就形成了有别于"内部人控制"的"行政干预下的经营者控制型"企业治理结构。为克服这种治理结构使国有企业改革陷入的困境，须实现对企业治理结构的创新，其核心是扬弃"股东利益至高无上"的观点，遵循既符合中国国情又顺应历史潮流的"共同治理"逻辑。企业不仅要重视股东的权益，而且要重视其他利益相关者对经营者的监控；不仅仅强调经营者的权威，还要关注其他利益相关者的实际参与。④强调市场机制在公司治理中的决定性作用。林毅夫等人（1997）认为，所谓的公司治理结构是指所有者对一个经营管理和绩效进行监督和控制的一整套制度安排。公司治理结构中最基本的成分是通过竞争的市场所实现的间接控制或外部治理，而人们通常所关注或所定义的公司治理结构，实际指的是公司的直接控制或内部治理结构。

由于学术界有关公司治理机制目前尚无统一的定义，有关资料表明，国内外有关公司治理或公司治理结构定义多达 20 余种。本研究结合现有公司治理各种理论观点，将合作社治理机制解释为合作社的所有社员根据法律以及合作社章程对社员权益保护的规定，或者借助市场竞争的自发选择，或者在合作社治理理论指导下通过人为的制度设计等来实现合作社控制和降低代理成本的各种机制和制度安排的总称。

2.2.2 合作社治理机制研究综述

中国学术界早在 20 世纪 90 年代关注国外合作社的发展状况时起，就有许多学者注意到国外合作社在发展过程中表现出来的制度缺陷以及合作社内部的制度变迁。比如德国合作社的发展过程中，就存在制度缺陷，且合作社内部制度安排具有企业化倾向（国鲁来，1995）。对芬兰合作社的考察（刘文璞等，1997）和法、荷、德三国合作社的考察（农业部软科学委员会，1999）发现，这些国家的合作社同样存在内部原则的变化。应瑞瑶（2004）认为，国际上合作社内部的制度安排的变化可概括为五个方面：①入退社自由向合作社成员资格不开放变化。②绝对的"一人一票"制向承认差别发展。③社员管理合作社被拥有专业知识的职业经理所取代。④资本报酬率严格限制向外来资本实行按股分红方向发展。⑤公共积累的不可分割性向产权明晰化方向发展。这是迄今为止对合作社内部制度变化趋势比较有代表性的总结。

在国际上合作社内部制度变迁的潮流中，中国学者对北美"新一代合作社"非常关注，因为其既基本保持了合作社的本质，又能提高合作社的运作效率。杜吟堂、潘劲（2000）较早地介绍了北美新一代合作社的制度特征。王镇江（2003）、傅晨（2003）则从"新一代合作社"产生的背景、合作社的制度特征以及"新一代合作社"的绩效等多角度介绍了这一新生事物，并得出了"新一代合作社"的创新在于使传统合作社模糊的产权变得明晰，从而增强了产权激励，并能更好地适应经济活动市场化、现代化、一体化的要求。合作社内部制度安排的变迁的原因是什么呢？能够被多数学者所接受的原因是：合作社本身的制度缺陷，当外部环境发生变化时，合作社就不得不改变自己来适应环境的变化。20世纪后期和本世纪，在规模扩张以实现规模经济和提高市场竞争力的驱动下，农民合作组织出现了合并和扩张浪潮，这是由于合作社对巨额资本的需求（黄祖辉等，2000）。由于合作社同时追求社会效益与经济效益，因此相对于其他类型的经济组织而言，合作社是一种高成本、低效率的组织，这将不利于合作社坚守经典合作社原则（林坚等，2002）。合作社的制度变迁受内外两方面因素的影响，从外部环境看，传统的贸易壁垒的改变冲击了合作社百年来所依附的经济体制；从内部因素看，在一定的环境条件下，"搭便车"现象、资金短缺、盈利与服务的矛盾、民主管理与专家管理矛盾等问题一直影响合作社的发展，促使合作社在制度安排上发生了变化（应瑞瑶，2004）。

作为一种特殊的企业组织形式，合作社的经营宗旨具有社会公平与经济效益的双重性，这种双重性决定了合作社治理结构的独特性。因此，如何通过改善和提高治理水平寻找公平和效率的最佳平衡点，一直是合作社实践面临的一个难题，也是学术界长期关注的热点问题（Coweta，2004）。在中国，自从20世纪90年代以来，随着农产品市场格局由卖方市场向买方市场转变，加入WTO以后，农业逐步与世界农业接轨，农业与农村经济发生了显著变化，传统的家庭型小农经济与市场经济之间的矛盾日益尖锐。在此背景下，以合作社为代表的农村合作经济组织在全国经济发达地区应运而生，尤其是浙江省呈现快速发展的态势（黄祖辉等，2002；张晓山，2004）。由于成员的高度异质性，中国合作社的"委托—代理"问题从一开始就比较突出，我国学术界也开始深入研究这个问题。例如，徐旭初（2005）根据其对浙江省农民专业合作社的长期研究，提出了一个关于合作社剩余控制权的研究框架，认为合作社的治理结构是一种基于能力和关系的合作治理结构，重点探讨了知识、权利、非正式制度与治理结构的关系。

合作社是一种由其成员共同分享所有权的企业组织，成员共同利益是合作社生存和发展的基础。然而，随着成员之间在资源禀赋、参与目的以及承担角色等方面异质性的增加，成员之间的利益冲突日益突出。合作社是一个决策管理与风险承担相分离的复杂组织，因为成员资格是建立在对合作社服务和物品的惠顾或消费的基础上。这就是说，大多数合作社成员并不在合作社中扮演管理角色，雇佣、激励、监督和解聘实际运营合作社的经理人由理事会作出决定或者由理事会直接运营（Hangman，1996）。由于合作社成员只有在与合作社发生交易时，才能拥有合作社剩余利润的分配权力，所以合作社的剩余索取权既不可转让，也不可分离，这使得在合作社内部产生了委托代理（或控制）问题（Italian，1983）。传统合作组织中由于剩余索取权和控制权的分离，造成了五个"模糊界定的产权"问题，即投资组合问题（Portfolio Problem）、搭便车问题（Free Rider Problem）、控制问题（Control Problem）、视野问题（Horizon Problem）和影响成本问题（Influence Cost Problem）（Cook，1995）。由此可见，合作社代理问题广泛存在，而且内部交易费用过大导致代理问题难以通过法律和章程等契约来解决，从而出现治理结构问题。

Nilsson（2001）认为，在以下几种条件下，合作社的治理结构问题会变得更加突出：①成员对合作社的资本贡献相对较多；②成员异质性相对较高；③成员对合作社的参与度和忠诚度相对较低；④成员业务与合作社业务之间的差异性相对较大。Shirttail（1999）认为公司治理机制有六个关键机制被普遍认可，即机构投资者、董事会结构、管理层持股、管理层薪酬、审计和财务信息披露、企业控制权市场。一般而言，由于合作社缺乏经理人市场和股权交易市场，合作社不存在股份公司的某些治理机制，例如机构投资者、企业控制权市场。此外，由于合作社大多集中在农业领域和农村地区，外部的市场竞争相对有限。黄祖辉等（2007）认为，内部机制是合作社治理结构问题的主要解决机制，内部机制包括理事会结构、管理人员报酬、股权结构、内部监督机制和社员的退出权等方面；外部机制中的主观部门的监管、市场竞争等机制也能发挥一定的作用。

学者们认为，合作社内部治理机制影响了合作社的绩效。合作社内部治理良好，则合作社的绩效水平较高。多数学者按照经典合作社治理理论，对于保持合作社本质属性所应该坚持的内部治理原则及其方式的研究较多。认为实现了这些原则，可以使得合作社保持良好的经营绩效。[①] 但是，怎样才是良好的治理机制，目前尚无定论。这需要更多的学者共同努力，以找出符合中国国情、具有中国特色的合作社治理标准。

---

① 傅新红，等.四川省农民专业合作社治理机制与绩效研究［R］.成都：四川农业大学，2011.

3 凉山农民专业合作社发展概况及整体成效

3.1 凉山农民专业合作社的基本状况

3.1.1 凉山农民专业合作社发展的概况

近年来，凉山州农民专业合作社发展步伐加快，内部治理日趋规范，呈现出了较好的发展态势。根据凉山州农业局统计数据显示，截止到 2013 年 6 月 30 日，全州登记注册的农民专业合作社有 1031 个，合作社成员及带动农户 9.4 万户，带动非成员 7.5 万户，成员收入普遍比非成员收入高 20%。然而，凉山州农民专业合作社发展过程中还面临诸多困难，合作社规模普遍还不大，服务能力相对较弱，经济实力相对较差，总体上还处于起步阶段。

首先，农民专业合作社的带动面仍然偏低。据统计，2011 年，凉山州农民加入专业合作组织的比例为 7.33%，也就是说 100 户农户有 7.3 户加入农民专业合作社。这一比例低于全国平均水平[1]，也低于四川省的平均水平[2]。

其次，入社农户数量增长缓慢。据统计，自《农民专业合作社法》（2007年）实施以来，加入农民专业合作社的绝对农户数量有所增长，然而增长速度呈现明显的递减趋势。从 2007 年到 2011 年，入社农户增速从 17.07% 逐年

---

[1] 2010 年全国依法登记的农民专业合作社有 37.91 万家，实有入社农户约 2900 万，约占全国农户总数的 10%；全国平均每两个行政村就有 1 家合作社，平均每 10 户农户就有 1 户加入合作社。截止到 2011 年年底，农民专业合作社总数达 50.9 万，比 2010 年年底增加 15.7 万，增长44.7%。

[2] 截止到 2012 年年底，四川省经工商登记注册的农民专业合作社有 27 241 个，比 2011 年增加 6911 个，增长 34%，全国排名第 11 位。入社成员 224 万户，占农户总数的 11%，其中，农民成员 217 万户；带动农户 475 万户，占农户总数的 23.4%。

递减，2010 年、2011 年的增长速度急速下降。2010 年入社农户数量增长速度为 3.15%，2011 年，尽管调查农户样本减少到 1800 户，但入社农户绝对数量仅仅增加 1 家。该增长水平远远低于全国的平均水平，也低于全省的平均水平。具体如表 3-1 所示。

表 3-1　　　　　　凉山州农民加入专业合作组织情况一览表

年份	2006	2007	2008	2009	2010	2011
调查户数（户）	1900	1900	1900	1900	1900	1800
参加户数（户）	82	96	112	127	131	132
未参加户数（户）	1818	1804	1788	1773	1769	1668
入社农户占比（%）	4.32	5.05	5.89	6.68	6.89	7.33
入社农户增速（%）	—	17.07	16.67	13.39	3.15	0.76

资料来源：《凉山彝族自治州统计年鉴》农村住户调查情况。

3.1.2　西昌市农民专业合作社的发展情况

西昌市是凉山州州府所在地，处于凉山州中部，位于川西高原（海拔 1500~2500 米）的安宁河平原（四川第二大平原）腹地，东经 101°46′~102°25′、北纬 27°32′~28°10′。西昌南北最长约 20 公里，东西最宽约 43 公里，辖区面积 2651 平方公里，2006 年年末户籍总人口数为 59.64 万。西昌自然条件得天独厚，气候宜人，冬无严寒、夏无酷暑、四季如春。这里光热充足，无霜期年均 275 天，日照年均 2430 小时以上，比同纬度东部地区的贵阳、长沙、南昌、温州和福州等多 500 至 1000 小时，比西部地区的腾冲、德钦多 200 至 500 小时，比四川省会成都多 1200 小时。雨量亦充沛，年均降水量达 1000 毫米。西昌地理气候独特，土地十分肥沃，是凉山州及四川省粮经作物主产区，粮、畜、菜、桑、烟、果、花卉等在全州、全省均占有重要地位。[①]

独特的光热资源成为西昌发展现代农业的先天优势。因此，西昌市是本课题选取的重点调查区域，西昌市的农民专业合作社发展水平在全州处于前列。西昌市农民专业合作社的自生能力比较强，具有较强的市场竞争力，农户加入合作社的积极性也比较高。据西昌市供销合作社提供的资料，2012 年西昌市新增农民专业合作社 36 家；参加合作社社员 2152 户，社员出资总额 8917.64

---

① 凉山彝族自治州地方志编纂委员会. 凉山彝族自治州州志（1991—2006）[M]. 北京：方志出版社，2011：66-67.

万元。截止到 2012 年 12 月底，全市在工商系统已登记各类农民专业合作社 143 家，参加合作社社员 5654 户①，社员出资总额 23 215.35 万元。其中：涉及种植类 86 家，占总数的 60%；养殖类 40 家，占总数的 28%；植保类 15 家，占总数的 10%；农机类 2 家，占总数的 1.3%，如图 3-1 所示。全年通过 40 家报送报表的合作社资料显示，合计实现年度销售服务总额 2.3 亿元，助农增收 3730 万元，服务带动农户 3600 户。

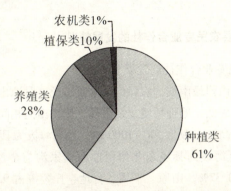

图 3-1　西昌市农民专业合作社产业构成情况

西昌市农民专业合作社发展速度快，超过了全国和四川省的平均水平。从农民专业合作社数量增长情况来看，2008 年至 2011 年保持了 60% 及其以上的高速增长，在 2012 年，增长速度放缓到 34%，但是这个速度也与全省当年的合作社增速持平，如表 3-2 所示。

表 3-2　　　　　西昌市农民专业合作社发展情况一览表②

年份	2007	2008	2009	2010	2011	2012
新增合作社（家）	15	9	16	27	40	36
合作社累计（家）	15	24	40	67	107	143
入社社员（户）	152	1197	559	705	691	2152

①　农民专业合作社发展的绝对数量偏少，还有较大发展空间。从已有数据来看，西昌市农民专业合作组织发展的绝对数量偏少，入社农户比例偏低。截止到 2012 年年底，加入合作社的农户占乡村农户数的比例为 4.59%，也就是说，100 户农户仅仅 4.59 户参加了合作社，这个比例是很低的。低于全国、全省的平均水平（大约只相当于全国和四川省一半的水平）。以全市 231 个行政村来计算，平均每 1.6 个行政村就有一个合作社。

②　农民专业合作社发展速度快。从农民专业合作社数量增长情况来看，2008 年至 2011 年保持了 60% 及其以上的高速增长，在 2012 年，增长速度放缓到 34%，但是这个速度也与全省当年的合作社增速持平。

表3-2（续）

年份	2007	2008	2009	2010	2011	2012
出资总额（万元）	22.68	1806.8	1407.38	3111.04	7279.31	8917.64
合作社增速（%）	—	60	67	68	60	34

资料来源：《西昌市农民专业合作社发展工作情况总结（2012年）》，由西昌市供销合作社提供。

3.1.3 相关县农民专业合作社的发展情况

1. 会东县农民专业合作社的发展

会东县位于凉山州最南端，农特产品独具特色，是凉山州的农业大县。全县地势中间高、四周低。地理环境复杂多样，境内山河相间，山高坡陡，山脉为南北走向，相对高差一般为500~1000米。最高海拔为县境中南部紧风口营盘3331.8米，最低海拔为县境东北角侵蚀面莫家沟与金沙江交汇处640米。山地占总面积的90.87%，山原、平坝、台地、丘陵等占9.13%。全县土地以山地为主，呈立体分布；山高坡陡，水土流失严重；耕地有限，田少地多；因地小块而分散，与其他地类镶嵌；后备耕地量少又缺水，开发利用难度大。全县气候属于国内中亚热带西部湿润季风气候区。日照时数多，蒸发旺盛；雨量集中，干湿季节分明；气候年较差小，日较差大；冬暖无严寒，夏短无酷暑，四季如春；但气候垂直变化大，高山积雪、峡谷炎热并见，呈有"一山有四季，十里不同天"的自然立体气候。[①]

2012年，会东县入选全国蔬菜产业重点县、粮食生产先进县，取得国家地理标志产品保护的"会东松子""会东黑山羊"，被誉为全国华山松第一大县、全国优质烤烟基地县、优质蚕茧基地县。会东县农民专业合作经济组织发展较快，截止到2012年年底，全县在工商注册的合作社达93户，成员数达59 836，带动农户6万户，大大促进了农民增收。会东县农民专业合作社的发展具有以下特点：①成立全州第一家农民专业合作社联合会。县农科局征求各合作社意见，在民政局注册登记了专业合作社联合会。由林业局、农科局等部门出面协调，免费提供4个门面，设立会东县农民专业合作社农特产品总汇，将全县农民专业合作社的产品进行集中展示，带动合作社进行规范化发展。此做法得到了合作社社员以及州农业局和相关部门的认可。②示范社带动专业合

---

① 凉山彝族自治州地方志编纂委员会. 凉山彝族自治州州志（1991—2006）[M]. 北京：方志出版社，2011：89-90.

作经济组织发展。会东万利种养专业合作社分别被农业部、省农业厅评为国家级和省级示范社，会东县生态鸡养殖专业合作社、会东县铅锌镇科技种养业专业合作社、会东县金沙冬马铃薯专业合作社等4个合作社被省农业厅评为省级示范社，会东县铅锌镇迎春村油菜产销专业合作社、会东县业兴农产品加工专业合作社和会东县宝园生态种养专业合作社等5个专业合作社被省农工委评为省级农民专业合作经济组织，会东县正红石榴种植专业合作社、会东县兴龙梅花鹿养殖专业合作社等6个合作社被评为州级示范社，使全县国家级示范社有1个，省级示范社达9个，州级示范社有6个，示范社的蓬勃发展带动了会东县及周边地区合作社的快速成长。③专业合作社积极进行商标注册。会东县宝园生态专业合作社、会东县万利种养专业合作社、会东县正红石榴种植专业合作社3个专业合作社成功注册"珍宝颜""董锅""五寅龙"商标，"董锅"、"五寅龙"和"崇兴"商标加入了"大凉山"品牌，使全县农产品商标达到16个。这些注册商标大大提高了会东县农民专业合作社产品的知名度，拓宽了合作社产品的销售渠道。④专业合作社带动家庭农场发展。在专业合作社的带动下，家庭农场快速发展。截止到2013年10月，全县共发展各类家庭农场18家，其中种植业13家（含蔬菜类），畜禽养殖2家，蚕桑1家，种养业3家。会东县姜州镇顺金农场首次在姜州镇工商所进行了注册登记。会东县"合作社+家庭农场"模式的新型农业经营组织形式正在形成。

2. 会理县农民专业合作社的发展

会理县位于西南横断山脉东北部，青藏高原东南边缘，地形轮廓南北狭长，地势北高南低；境内山峦起伏，沟谷相间，地形以山地、丘陵、平坝为主，其中山地约占辖区面积的90%。国土资源富集，全县有耕地62.68万亩（1亩≈666.67平方米，全书同），其中中低产田土38.2万亩，另有可供开发宜农非耕地30万亩。光热资源十分丰富，光照强（年均日照2388小时），热量丰富，年温差小，无霜期长（241天），立体气候特征明显。粮食主产水稻、玉米、小麦、洋芋；经济作物以烤烟、石榴、甘蔗、早市蔬菜等为主。畜产品中的黑山羊、乌骨鸡、瘦肉型猪、黄牛等具有很大的开发价值。另外，矿产资源、农业资源、水能资源、生物资源、旅游资源富集，素有"聚宝盆""攀西明珠"美誉。①

会理县农民专业合作社发展速度较快，截至2012年年底该县发展各类农

---

① 凉山彝族自治州地方志编纂委员会. 凉山彝族自治州州志（1991—2006）[M]. 北京：方志出版社，2011：83-85.

民专业合作社 258 家。其中，围绕烟草种植、石榴种植等主导产业发展农民专业合作社，烟农综合服务专业合作社有 15 家，这些合作社组建专业化服务队伍 393 支，为 5546 户社员提供服务，实现专业化育苗、植保、烘烤、分级率 100%，机耕率 83%，专业化运输率 32%，专业化采收、分类、编竿率 61%；农作物种植合作社 135 家，开展石榴生产、营销以及蔬菜种植工作；养殖专业合作社 105 个，建成规模养殖场 168 个，发展年出栏 50 头以上生猪的规模养殖户 8089 户，年出栏 30 只以上肉羊的规模养殖户 6400 户；核桃专业合作社 3 家。

会理县示范社建设成效显著。会理南阁烟草专业合作社先后被省烟草专卖局（公司）授予"省级示范农民专业合作经济组织"称号，被省农业厅评为四川省农民专业合作社省级示范社，2012 年荣获国家级示范社荣誉；明荣生猪科技养殖专业合作社为省级示范合作社。

3. 德昌县农民专业合作社的发展

德昌县位于凉山州中部，地处北纬 27°05′～27°36′，东经 101°54′～102°91′。德昌县地势北高南低，低中山和中山占面积 92.9%，其余为台地、高地、丘陵和高山。海拔高差悬殊，光热、水资源在垂直方向变化明显。河谷地带冬暖春早，无霜期达 293 天。常年平均气温为 17.7℃。多年平均降水量达 1049.3 毫米。常年日照时数为 2147.9 小时。德昌县属亚热带高原季风为基带的立体气候，自然条件得天独厚，是发展"三高"农业、建设绿色食品基地的理想之地。[①]

德昌县农民专业合作社经营范围涵盖草莓、樱桃、黄果、桑葚、板栗、核桃、葡萄、石榴、梨、花卉苗木、蔬菜、烤烟等农产品的种植、初加工、销售，以及猪、羊、鸭、鹅、兔、蜂蜜等养殖销售以及农机服务等十几个产业。据调查，截止到 2012 年年底，德昌县发展农民专业合作社 50 个。其中：种植业 34 个，占 68%；养殖业 10 个，占 20%；乡村旅游业 1 个，占 2%；农机植保服务业 5 个，占 10%。具体如图 3-2 所示。

德昌县农民专业合作社的入社社员 2296 户，带动农户 15398 户。合作社累计实现销售收入 1.8 亿元，成员户均纯收入 4.2 万元，比上年同期增加 0.3 万元，带动农户户均纯收入 1.2 万元，比上年同期增收 0.1 万元。

---

① 凉山彝族自治州地方志编纂委员会. 凉山彝族自治州州志（1991—2006）[M]. 北京：方志出版社，2011：74-76.

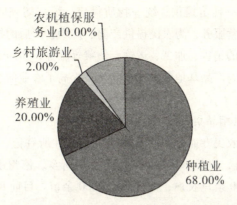

农机植保服
务业10.00%

乡村旅游业
2.00%

养殖业
20.00%

种植业
68.00%

图3-2　德昌县农民专业合作社产业构成情况

4. 宁南县农民专业合作社的发展

宁南县位于四川凉山彝族自治州南部东侧，东临金沙江与云南省巧家县隔江相望。地处北纬26°50′~27°18′，东经102°27′~102°55′，总面积为1667平方公里，总人口为18.4万人；是一个以汉族为主，彝族、布依族、回族、藏族、蒙古族等多民族杂居的山区农业县。这里有"南国风光小天府，金沙江畔俏明珠"的美誉；有着勇夺四川蚕业"五个第一"的"南丝路"牌优质蚕茧和以"银鸿"牌为代表的优质生丝；有着"山烟生长赛云烟"的山地清香型优质烟叶。由于立体气候特征明显、光热资源丰富，宁南适宜多种气候带的多种动植物繁衍生长。[①] 主要农产品为粮食、甘蔗、蚕茧、烤烟、生猪。截止到2011年10月底，宁南县农民专业合作社已在工商局登记注册的达25个，注册资金7424万元。其中2011年1至10月，新登记注册的农民专业合作社9个，注册资金4172万元，呈现出良好的发展势头。[②]

3.2　凉山农民专业合作社发展取得的整体成效

3.2.1　提升农业综合生产力，加速现代农业进程

合作社是现代农业的有效组织形式。《农民专业合社法》实施以来，各类

---

① 凉山彝族自治州地方志编纂委员会. 凉山彝族自治州州志（1991—2006）［M］. 北京：方志出版社，2011：96-97.
② 金玉忠. 宁南农民专业合作社发展势头良好［N］. 凉山日报，2011-11-3.

合作社通过开展统一种苗提供、统一物质供应、统一防疫防病、统一技术指导、统一销售等经营服务，为农民提供产前、产中、产后的技术、信息、生产资料购买和农产品的销售、加工、运输、储藏等服务，实施专业化生产、规模化经营，打造优势农产品基地和农产品品牌，提高了农业的综合生产能力，促进了现代农业发展。

案例：【德昌县精品梨农民专业合作社】

德昌县精品梨农民专业合作社于 2009 年正式注册登记，现有社员 205 户，基地面积 1000 余亩，覆盖德昌县的六所乡、王所乡、德州镇，辐射带动邻近乡镇及周边县市 700 余户农户、种植面积 2000 余亩。目前 80% 的农民均是新种植户。

精品梨农民专业合作社严格按《农民专业合作社法》管理，民主选举产生组织机构及其成员，制订了《组织人员自律制度》、《民主考评组织人员绩效工资制度》、《果品收购方案》等制度，确保充分发挥监事会及社员代表、社员的监督职能。同时，合作社坚持以"抓质量求生存、创品牌谋发展"为根本思路，实行"四个统一"（统一配方施肥、统一防治病虫害、统一管理技术、统一物资采购）标准化生产、统购直销和质量跟踪，着力打造精品梨品牌形象。目前，已开发普通箱、礼品箱、精品箱三种包装，并注册"陈所坝"商标，取得了绿色食品认证。2012 年合作社实现销售收入 580 万元，社员户均收入 3.5 万元，亩产、果品收购单价、户均收入均高出一般农户平均水平。下一步，合作社将通过加强管理、开拓市场、申请地理标识、发展旅游等方式进一步发展壮大精品梨农民专业合作社。

3.2.2　促进农业科技推广，推动高效安全农业

合作社充分发挥转化科技成果的桥梁作用，积极与科研院所、科技人员合作，通过技术承包、技术入股、技术转让等形式，引进新技术、新品种，加快了农业科技成果的推广应用，把科研成果转化为现实生产力。

案例：【西昌市幸坤石榴专业合作社】

西昌市幸坤石榴种植专业合作社成立于 2012 年 11 月，现有核心社员 10 余户，普通社员 51 户，联系农户 1200 多户，主要经营产业为软籽石榴种植及销售。注册资金为 1000 万元。

在调研中了解到西昌市幸坤石榴种植专业合作社主要是由李玉坤、李建华和幸成明三位石榴种植大户发起成立。他们分别有 100 亩、90 亩、130 亩的石榴种植基地，也正是依靠这 300 多亩石榴基地，他们坚持对"西昌 1 号软籽石

榴"的研发展开了长期的研究工作。据合作社理事幸成明介绍，他本人从事石榴种植技术方面的研究已有 30 年光景，熟悉石榴种植和嫁接等一系列技术，还自编自印出版一本有关石榴种植规程的教材，为合作社社员种植石榴提供了技术参考依据。

目前，合作社已注册品牌，并获得绿色食品认证证书。该合作社最大的特色在于通过合作社自身的力量培育了石榴新品种——"西昌 1 号软籽石榴"。该品种成熟期比普通石榴提前 1～2 个月，石榴籽极软，可食率达到 70%～80%，"籽粒红黑如玛瑙，特软味甜似无核"。该石榴品种市场价格已卖到 40元/500 克，市场前景非常好。

3.2.3 延伸农业产业链，促进农民增收

合作社的最大优势，就是把千家万户的小生产与千变万化的大市场连接起来，提高农民的组织化程度，提升农民在市场经济中的地位，带领农民闯市场，以获得最大的经济利益。并且还把产和销、贸工农有机结合起来，增加了农民的后续性收入。合作社与农业产业化龙头企业紧密连接，形成的"龙头企业+合作社+农户"的组织形式已成为农业产业化经营的重要模式。

案例：【会东县兴龙梅花鹿养殖合作社】

会东县兴龙梅花鹿养殖合作社创建于 2005 年，总投资 380 万元。主营双阳梅花鹿、西丰梅花鹿、长白山梅花鹿养殖及梅花鹿相关产品销售，兼营生态蜂蜜销售、纯粮白酒酿造、肉用野猪饲养等。

合作社发展至今，工人及技术人员已达 12 人。已建成传统自酿白酒酒坊一座（占地面积约 500 平方米），年产各类白酒 20 吨以上；梅花鹿养殖场一座（占地面积约 3000 平方米），存栏梅花鹿 280 多头；野猪圈一座（占地面积约 600 平方米）；蜂场一个（占地面积约 500 平方米），蜜蜂 126 桶；饲草面积（30 多亩）；另外还设有农家乐餐厅、办公室、粮库、鹿产品库、酒产品库（累计占地面积约 1200 平方米）。

合作社全力打造生态、环保、自然、有机、绿色产业链，积极发展现代循环农业。利用酒坊的酒糟和饲草饲养鹿和野猪，饲养动物产生的粪便进入沼气池，沼气池产生的沼气用作燃料，沼渣（液）用于灌溉饲草田，饲草田生长的有机饲草用于养殖梅花鹿等牲畜。合作社还推出燕麦酒、苦荞老窖（窖藏 3年）、苞谷酒、鲜鹿茸、干茸、鹿茸酒、鹿血酒、蜂蜜、蜂蜜燕麦酒、鲜鹿鞭、鹿肉、野猪肉、梅花鹿、野猪种源等各类产品，都深受消费者青睐。该合作社通过创新经营形式，延长农业生产经营链条，改变了简单卖原材料的传统做

法，带领合作社社员走上致富路。

3.2.4 激活农村生产要素，创新农业经营机制

合作社在发展过程中，已逐步成为推动农业经营机制创新的有效载体，激活了土地、资金、技术等生产要素，促进了农村投融资体制、土地经营机制等的创新，推动了农业适度规模经营，为现代农业发展注入了新的活力。

案例：【西昌市白水沟特色种植专业合作社】

西昌市白水沟特色种植专业合作社成立于2012年8月，主要以种植莲藕和椿芽为主。目前莲藕生产面积为120余亩。拥有社员114户，核心社员8户。注册资金为150万元，拥有固定资产80万元。社员入社最低出资2000元。该合作社的突出特点在于通过合作社平台，成立土地股份合作社，实现了土地要素流转，加快了土地整理进度，有利于适度规模经营的实现。

白水沟特色种植专业合作社的发展坚持规划先行的原则，目前合作社的主要经营产业是种植业。而合作社的长期规划是建立一个度假村旅游基地，或者叫休闲农业基地。这些想法源自已经获得"西昌市示范村"的星宿村的村民们，现在正由村主任赵图华带领广大社员共同探索和实践。

白水沟专业合作社与其他合作社不同的地方就是它的运行模式，合作社的社员入社所交的可以是资金，可以是土地，也可以是技术，土地按照当前经济情况折价入社，目前是一亩折价2000元。这些做法在一定程度上解决了农村土地碎片化的问题，实现了土地整合，有利于合作社开展适度规模经营，为建立观光旅游的休闲农业基地提供条件。

3.2.5 创新农业生产方式，促进循环农业发展

循环农业，是指在农作系统中推进各种农业资源往复多层与高效流动的活动，以此实现节能减排与增收的目的，促进现代农业和农村的可持续发展。通俗地讲，循环农业就是运用物质循环再生原理和物质多层次利用技术，实现较少废弃物的生产和提高资源利用效率的农业生产方式。农民专业合作社有利于实现规模化养殖、标准化生产，减少生产活动对环境的破坏，走循环农业的发展道路，转变传统农业的发展方式。

案例：【会理县明荣科技养殖专业合作社】

会理县明荣科技养殖专业合作社以会理县顺洪养殖有限责任公司为龙头发起，采取"公司+合作社+农户"的组织形式，于2009年5月登记成立。注册资金为200万元，截止到2013年9月，合作社成员已发展到552户，其中规模

养殖户达 268 户（年出栏生猪 100 头以上），成为目前会理县境内社员数量最多、社员跨行政区域最广、运行管理最规范、经营效益最佳的生猪养殖专业合作社。

该合作社实现了规范化运行。合作社秉承"教农学技，带农入市，助农增收"的核心理念，全面开展各项生产经营活动，经营规模快速扩大，盈利能力持续提高。经营内容主要涉及生猪养殖、饲料兽药经营、生猪（种猪、仔猪、育肥猪）购销。在生猪养殖中，合作社全面实现"五个统一"，即"畜禽品种统一、技术规范统一、疫病防控统一、投入品统一、产品销售统一"。合作社自成立以来，持续对入社成员开展养殖技术、猪场经营管理培训。五年中累计培训养殖人员 15 000 余人次。明荣科技养殖专业合作社经营状况如表 3-3 所示。

表 3-3　　　　　明荣科技养殖专业合作社经营状况一览表　　　　单位：万元

年份	2009	2010	2011	2012	2013（预计）
经营收入	3500	5250	6400	5800	6800
实现利润	875	882	886	630	966
二次返利	389	393.8	333.14	252	386
按股分红	477.25	479.38	544	378	580
盈余公积	8.75	8.82	8.86	0	0

发展现代循环经济，实施循环农业发展模式是该合作社的特色之一。合作社的部分养殖小区实现了"猪—沼—粮（果、菜、烟）"循环生产模式，污染物实现了无害化处理，有效改善了养殖环境条件，防止了环境污染，实现了生产发展和环境保护同步推进。粪污通过发酵处理产生的沼气，为人民的生产活动提供了可观的清洁能源，生态效益、经济效益和社会效益都十分显著。

4 凉山农民专业合作社生存现状

4.1 凉山农民专业合作社发展的基本情况

4.1.1 合作社的生命周期

凉山农民专业合作社成立的时间普遍不长。据统计,合作社的平均年龄为2.8年,也就是说平均来看不到3年时间;存在时间最长的合作社为6.26年,即成立于2007年《农民专业合作社法》正式颁布实施的时候。最近3年成立的合作社占到被调查合作社总数的60%。合作社生命周期偏短,一方面是由于合作社法颁布实施的时间本身不长,2007年至今也仅仅7年多的时间;另一方面,也反映出凉山农民专业合作社发展势头迅猛,最近几年的发展速度明显加快,如表4-1所示。

表4-1 　　　　　　　　　　合作社生命周期分布情况①

		Frequency	Percent	Valid Percent	Cumulative Percent
Valid	1 年以下	18	16.4	16.5	16.5
	1~2 年	18	16.4	16.5	33.0
	2~3 年	29	26.4	26.6	59.6
	3~4 年	18	16.4	16.5	76.1
	4~5 年	17	15.5	15.6	91.7
	5 年及其以上	9	8.2	8.3	100.0
	Total	109	99.1	100.0	
Missing	System	1	0.9		
	Total	110	100.0		

---

① Frequency 为频数,Percent 为百分比,Valid Percent 为有效百分比,Cumulative Percent 为累计百分比。下同。

4.1.2　合作社的核心社员情况

凉山农民专业合作社的核心社员相对集中。所谓核心社员主要是指在合作社内部，经营规模比较大、入股金额比较多的社员，是合作社发起以及成长过程中的骨干力量。

调查中发现，凉山农民专业合作社的分布相对集中。核心社员人数在 10 人以下的合作社有 56 家，占到调查合作社的 50.9%，有效百分比①为 56.6%，将近占到合作社总数的 6 成；核心社员人数在 40 人以上的合作社比较少，只有 10 家，占到调查合作社的 9.1%，如表 4-2 所示。合作社核心社员人数比较少，可以减少合作社异质性，降低合作社内部协调成本，有利于适当集中合作社内部决策意见，提高决策效率。

表 4-2　　　　　　　合作社核心社员分布情况

		Frequency	Percent	Valid Percent	Cumulative Percent
Valid	10 人以下	56	50.9	56.6	56.6
	[10~20) 人	17	15.5	17.2	73.7
	[20~30) 人	11	10.0	11.1	84.8
	[30~40) 人	5	4.5	5.1	89.9
	40 人及其以上	10	9.1	10.1	100.0
	Total	99	90.0	100.0	
Missing	System	11	10.0		
	Total	110	100.0		

4.1.3　合作社的社员规模

农民专业合作社是农民自己的组织，以农民为主体。《农民专业合作社法》中规定"农民专业合作社的成员中，农民至少应当占成员总数的百分之八十"②。

---

①　有效百分比（Valid Percent），是指各频数占总有效样本量的百分比，有效样本量＝总样本量－缺失样本量，下同。

②　刘明祖，李春亭，安建，等.《农民专业合作社法》导读 [M]. 北京：中国民主法制出版社，2007：164.《农民专业合作社法》第三章第十五条规定。

在调查中发现，凉山州的农民专业合作社主要由农民发起，企业、事业单位或者社会团体成员作为社员的情况比较少。合作社社员规模主要集中在100人以下，占到合作社总数的62.6%。其中，社员为50~100人的合作社最多，有26家，占23.6%；社员为10~50人的合作社，有23家，占20.9%；社员在10人以下的合作社有18家，占16.4%；社员在150人以上的合作社数量比较少。具体如表4-3所示。

凉山州农民专业合作社社员规模与全国和四川省的情况相比基本接近。据统计，截止到2011年全国农民专业合作社实有成员达3444.1万个（户），比2010年年底增长26.6%，平均每个合作社有近70个成员[①]；截止到2012年年底，四川省经工商部门登记注册的农民专业合作社为27 241个，入社成员224万户，平均每个合作社有80余个成员[②]。根据凉山州的调查统计数据，平均每个合作社有120余个成员，合作社成员数量的中位数Median的值为60个。合作社社员规模小有利于降低合作社内部协调成本，在一定程度上，有利于解决低合作收益与高合作成本之间的矛盾。

表4-3   合作社社员规模分布情况

		Frequency	Percent	Valid Percent	Cumulative Percent
Valid	10人以下	18	16.4	16.8	16.8
	[10~50) 人	23	20.9	21.5	38.3
	[50~100) 人	26	23.6	24.3	62.6
	[100~150) 人	14	12.7	13.1	75.7
	[150~200) 人	6	5.5	5.6	81.3
	[200~300) 人	11	10.0	10.3	91.6
	300人及其以上	9	8.2	8.4	100.0
	Total	107	97.3	100.0	
Missing	System	3	2.7		
Total		110	100.0		

① 四川省农业厅. 2011年农民专业合作社发展情况 [J]. 农村经营管理，2012 (5)：28.
② 四川省农业厅. 四川省农民专业合作社发展势头良好 [J]. 四川农业科技，2013 (5)：62.

4.1.4 合作社带动农户的情况

合作社带动农户又称为联系农户，是指不属于合作社社员，但可享受合作社提供的产前、产中和产后等相关服务的农户。合作社带动农户的数量是合作社作为农村新型经营主体，创新农业经营体系的重要体现。

凉山州农民专业合作社对周围农户的辐射和带动能力比较强。从调查数据来看，80%的合作社都表示对周围农民具有带动作用，其中带动农户以100~500户的规模最多，占到调查对象的27.3%；其次，是1~100户的规模有22.7%。如表4-4所示。平均每个合作社的带动农户有340余户，合作社带动农户数量的中位数Median的值为100户。

据2012年的统计数据，四川省平均每个合作社带动农户170余户，占农户总数的23.4%[1]；据2011年全国的统计数据，平均每个合作社带动105户[2]。由此可见，凉山州农民专业合作社的辐射带动作用要好于全省和全国的平均水平。

但同时也应该看到，还有20%的被调查合作社反映没有带动农户。这些合作社的身份意识比较强烈，强调合作社社员身份。周围非社员农户一般不能够分享合作社发展带来的好处或者便利。

表4-4　　　　　合作社带动（联系）农户分布情况

		Frequency	Percent	Valid Percent	Cumulative Percent
Valid	无带动农户	22	20.0	22.7	22.7
	[1~100) 户	25	22.7	25.8	48.5
	[100~500) 户	30	27.3	30.9	79.4
	[500~1000) 户	10	9.1	10.3	89.7
	1000户以上	10	9.1	10.3	100.0
	Total	97	88.2	100.0	
Missing	System	13	11.8		
	Total	110	100.0		

4.1.5 合作社主要经营业务情况

农民专业合作社是农民为了"抱团闯市场"而自发成立的经济组织，主要是为了解决"小农户"与"大市场"对接成本高的矛盾。农民专业合作社

---

① 四川省农业厅. 四川省农民专业合作社发展势头良好 [J]. 四川农业科技, 2013 (5): 62.
② 四川省农业厅. 2011年农民专业合作社发展情况 [J]. 农村经营管理, 2012 (5): 28.

是在坚持农村家庭承包经营的基础上，同类农产品的生产者或者同类农业生产经营服务的提供者、利用者，自愿联合、民主管理的互助性经济组织。农民专业合作社以其成员为主要服务对象，提供农业生产资料的购买，农产品的销售、加工、运输、贮藏以及与农业生产经营有关的技术、信息服务。① 由此，可以看出农民专业合作社本质上是服务性质的经济组织，主要为农民提供农业生产经营活动中所需的各项服务。

在调查中发现，凉山州农民专业合作社主要经营的产业集中在种植业和养殖业，其中种植业为 62.0%，养殖业为 25.6%；综合起来看，以种养业为主要经营产业的农民专业合作社占到 87.6%；从事加工运输业、服务业的合作社占到了 9.4%，主要包括提供金融服务的农村资金互助合作社，农机服务合作社等。具体情况如表 4-5 所示。

表 4-5　　　　　　　　　　合作社主要的经营产业分布情况

		Responses		Percent of Cases
		N	Percent	
主营产业变量集^a	种植业	80	62.0	74.8
	养殖业	33	25.6	30.8
	加工运输业	2	1.6	1.9
	服务业	10	7.8	9.3
	其他	4	3.1	3.7
Total		129	100.0	120.6
a. Dichotomy group tabulated at value 1.				

通过对比来看，凉山州农民专业合作社主要经营产业的分布情况与全国和四川省的情况基本一致。从调查情况来看，凉山州从事种植业的农民专业合作社数量要高于全国和四川省的平均水平，而畜牧业（养殖业）的合作社数量要比全国和四川省的平均数量略低，服务业（含加工运输业）的合作社数量与全国和四川省平均数基本持平。而渔业农民专业合作社的数量明显偏少，在调查过程中，只有一家合作社从事渔业养殖。这些数据上的差异可能与凉山州的地形地貌以及农业生产的特点有关。

全国和四川省农民专业合作社主要的经营产业分布分别如图 4-1、图 4-2 所示。凉山州农民专业合作社主要经营产业分布如图 4-3 所示。

---

① 刘明祖，李春亭，安建，等.《农民专业合作社法》导读 [M]. 北京：中国民主法制出版社，2007：160.《农民专业合作社法》第一章第二条规定。

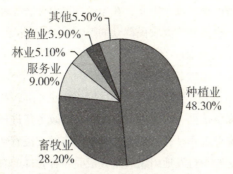

图 4-1　全国农民专业合作社主要的经营产业分布

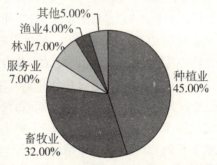

图 4-2　四川省农民专业合作社主要的经营产业分布

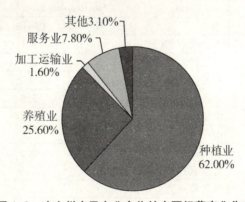

图 4-3　凉山州农民专业合作社主要经营产业分布

4.1.6　合作社的发起组建者

由于中国发展农民专业合作的时间较短，广大农民群众缺乏合作经济的传统；再加上历史时期我国在发展合作经济的道路上走过一些弯路，挫伤了广大农民群众发展合作经济的积极性。因此，在今天发展农业合作经济，既需要政府相关部门的积极支持，也需要广大农民群众的热情参与。《农民专业合作社法》要求"县级以上各级人民政府应当组织农业行政主管部门和其他有关部门及有关组织，依照本法规定，依据各自职责，对农民专业合作社的建设和发展给予指导、扶持和服务"①。在《农民专业合作社法》颁布之初，农民对专业合作了解不多，当时主要依靠供销社、农业局、村两委等行政力量进行宣传、引导和扶持各地农民发展农民专业合作社；到后来，越来越多的农民看到了专业合作社带来的实实在在的好处，纷纷自发地组织起来，成立各种各样的农民专业合作社。据调查，在凉山州合作社发起组建者呈现多样化特征，既有农业局、供销社、村委会等行政主管部门，也有生产大户、贩销大户以及普通农户，还有企业、农协、学者等社会力量。据统计，生产大户已经成为农民专业合作社发起组建的核心力量，占到调查合作社总量的四成以上；普通农户、贩销大户等也逐渐后来居上，积极推动农民专业合作社的发展。据调查，由普通农户作为发起者组建成立的合作社占到 22.9%，贩销大户发起成立的合作社占到 9.2%。如果把生产大户、贩销大户、普通农户等这些农业生产经营主体综合起来，由他们发起组建的合作社已经占到调查对象总数的 74.8%，而由村两委、农业行政主管部门等力量直接发起成立的合作社的比重并不高。具体如表 4-6 所示。

表 4-6　　　　农民专业合作社发起组建者的频数分布情况

		Responses		Percent of Cases
		N	Percent	
合作社发起组建者[a]	当地政府部门	4	3.1	3.6
	供销社	3	2.3	2.7
	村委会	16	12.2	14.5
	企业	5	3.8	4.5
	农协	1	0.8	0.9
	生产大户	56	42.7	50.9
	贩销大户	12	9.2	10.9
	普通农户	30	22.9	27.3
	学者等社会力量	3	2.3	2.7
	其他	1	0.8	0.9
Total		131	100.0	119.1
a. Dichotomy group tabulated at value 1.				

---

① 刘明祖，李春亭，安建，等.《农民专业合作社法》导读 [M]. 北京：中国民主法制出版社，2007：161. 以及《农民专业合作社法》第一章第九条规定。

4.1.7 依托组织或者单位以及接受监管情况

改革开放以来，我国农村面貌发生了翻天覆地的变化。但是，城乡二元结构没有发生根本性的改变，城乡发展差距不断拉大的趋势没有根本扭转。① 小农经济的历史文化传统在农村中积淀深厚，与国外发达资本主义国家相比，农民的文化、科技素质不高，许多农民不了解或者不适应参加专业合作经济组织。因此，在面对农民对合作组织的认识不够，缺乏适应市场经济需要的合作经济传统，出现了不主动、不会办和办不好的情况时，既需要农民自己长期摸索，去寻求有效的结合方式，更需要政府搞好宣传，提供优惠政策，协调相关部门的关系。为此，在专业合作社发展初期，就需要农业局农经站、供销合作社、科协、农协等机构提供政策引导、法律法规咨询等相关服务。

在接受问卷调查的农民专业合作社中，有68.2%的合作社表示在其成立和发展过程中，曾经得到过科协、供销社、农业局、畜牧局、林业局等相关机构提供的政策引导、法规咨询服务，如图4-4所示。有90.9%的农民专业合作社在发展过程中要受到工商、税务、环保等职能部门的监管，如图4-5所示。

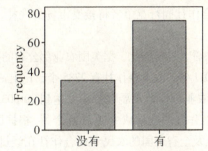

图4-4 农民专业合作社依托组织或者单位频数分析统计图

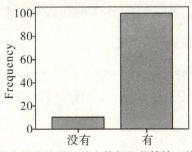

图4-5 农民专业合作社接受行政主管部门监管情况的频数分析统计图

---

① 习近平. 关于《中共中央关于全面深化改革若干重大问题的决定》的说明 [N]. 人民日报，2013-11-16.

4.1.8 合作社市场竞争环境状况

2013 年中央一号文件指出："农民合作社是带动农户进入市场的基本主体，是发展农村集体经济的新型实体，是创新农村社会管理的有效载体。"① 用农民的话说，合作社就是农民"抱团闯市场"的组织，在市场经济条件下，合作社就是连接农户与市场的桥梁和纽带。那么，市场经济环境中的合作社也必然要面对来自市场的各种竞争和挑战。合作社如何在激烈的市场竞争中明确市场定位，开发出具有核心竞争力的拳头产品，在市场上占领一席之地，已经成为事关合作社生死攸关的问题。

在调查中发现，凡是掌握核心技术，培育或者开发出新品种、新工艺，相关产品销路顺畅的合作社，发展前景普遍被看好，社员入社以及参与合作社事务的积极性都比较高；而市场定位不清、产品缺乏核心竞争力的合作社，普遍存在利益联结机制松散，社员缺乏积极性的问题。

凉山州农民专业合作社尽管发展存在时间不长，但依然存在市场同行的竞争挑战。据调查，有 41.8% 的合作社反映在同一乡镇范围内，有业务相近的同行竞争者；有 57.3% 的合作社反映，目前在同一乡镇范围内暂时没有竞争者。在市场经济条件下，合作社同行竞争者将接受市场的洗礼，优胜劣汰，或者主动走向联合。

从国际经验数据来看，也是如此。据美国农业部公布的数据显示，美国农业合作社呈整合趋势。2011 年，农业合作社有 2285 个，比上一年减少 29 个；而在 20 世纪 20 年代，美国农业合作社发展数量一度达到 10 803 个，此后逐步递减，到 2002 年，美国农业合作社的数量减少到 3140 个。② 根据国际经验，可以预见不久的将来，凉山州以及全省全国的农民专业合作社在经过高速增长阶段以后，将逐步实现由数量的扩张阶段转向合作社内涵建设和发展阶段，部分合作社可能会脱颖而出，做大做强，另一部分合作社可能面临破产或者被兼并重组。

4.1.9 合作社注册资金的情况

注册资金也称作"资本金"、"注册资本"、"法定资本"，是指创建企业必须具备的法定资金，是企业在工商行政管理部门登记的资本，也是各投资者对

---

① 中共中央国务院关于加快发展现代农业进一步增强农村发展活力的若干意见 [N]. 经济日报，2013-02-01.

② 美国农业合作社 2011 年净收入创历史新高 [EB/OL]. [2012-10-03]. http://world.xinhua08.com/a/20121003/1033077.shtml.

企业投入的资本。① 农民专业合作社是一种特殊的企业组织形式，资金是合作社开展经营活动的基础。农民专业合作社根据有关法律、法规规定，可以采取成员出资、从合作社盈余中提取公积金、国家扶持资金、他人捐赠资金以及对外举债中取得资金。

《农民专业合作社法》规定合作社成员承担"按照章程规定向本社出资"②的义务，也就是说合作社成员出资不是法定义务，而是一种由章程规定的义务。这与《中华人民共和国公司法》将股东出资作为法定义务的规定不同。《农民专业合作社法》对成员出资的形式和期限都没有具体规定，这意味着合作社的章程可以自主规定成员出资的形式和期限，比如现金、实物、无形资产等多种出资形式，一次出资、分期出资、以分配的盈余作为出资等多种出资方式。

据调查，凉山州农民专业合作社的注册资金既有现金形式，也有实物形式，还有以技术等无形资产作为出资形式，其中实物出资形式多采取以土地折价入股的形式。注册资金规模在 10 万~100 万元这一期间的合作社最多，占到35.5%；注册资金规模在 10 万元以下的占到 16.4%，注册资金规模在 100 万~200 万元这一期间的占到 15.5%；注册资金在 500 万~1000 万元、1000 万元以上的合作社比例分别为 9.1% 和 7.3%。这些注册资金规模比较大的合作社往往都是采取土地等实物折价出资等形式。具体分布情况如表 4-7 所示。

表 4-7　　　　　　　　合作社注册资金的频数分布表

		Frequency	Percent	Valid Percent	Cumulative Percent
Valid	10 万元以下	18	16.4	16.4	16.4
	[10~100) 万元	39	35.5	35.5	51.8
	[100~200) 万元	17	15.5	15.5	67.3
	[200~300) 万元	9	8.2	8.2	75.5
	[300~400) 万元	7	6.4	6.4	81.8
	[400~500) 万元	2	1.8	1.8	83.6
	[500~1000) 万元	10	9.1	9.1	92.7
	1000 万元及其以上	8	7.3	7.3	100.0
	Total	110	100.0	100.0	

---

① 夏征农，陈至立. 辞海 [Z]. 6 版. 上海辞书出版社，2009：3050.
② 刘明祖，李春亭，安建，等.《农民专业合作社法》导读 [M]. 北京：中国民主法制出版社，2007：165. 以及《农民专业合作社法》第三章第十八条规定。

4.2 合作社内部管理机构

4.2.1 合作社理事长的情况

理事长或理事会是农民专业合作社的执行机关，也是法人权力机关的执行机关，是由成员代表大会从本社成员中选举产生，其生产办法、职权、任期、议事规则由章程规定，对成员大会或者成员代表大会负责。农民专业合作社设理事长一名，可以设理事会。在实践中，有的合作社规模较小，成员数量很少，成员都认为没有必要专门设立理事会，由一个他们信任的人作为理事长来负责合作社的经营管理工作就可以了，还能够精简合作社的业务执行机构，提高运行效率。

合作社理事长是影响合作社生存与发展的最重要的生产要素。本研究对凉山州农民专业合作社的理事长进行了全面深入的调查。从性别差异来看，合作社理事长男性占绝大多数，有93.6%的合作社理事长为男性，女性理事长仅仅占到6.4%。从政治面貌来看，共产党员和共青团员在合作社的发起和成长过程中发挥了模范带头作用。据调查，有48.1%的合作社理事长是共产党员或者共青团员，由此可见，党组织和团组织在促进农业和农村发展过程中发挥了战斗堡垒作用。

从年龄结构来看，农民专业合作理事长平均年龄为43.91岁，年龄的中位数（Median）为44岁，众数（Mode）为45岁。从具体的数据分布情况来看，合作社理事长的年龄主要集中分布在40~50岁这一年龄段，占到了被调查样本总数的五成。这一年龄阶段的人一方面年富力强，精力充沛，另一方面也具有较为丰富的农业生产经营的经验，再者他们具有较为宽广的人脉资源和群众基础，具有广泛的号召力。另外，合作社理事长年龄在50~60岁以及60岁及其以上的比重分别为15.5%和3.6%。也就是说，40岁以上的合作社理事长的比重占到了69.1%，接近七成。合作社理事长年龄在30~40岁这一年龄阶段占到23.6%，30岁以下的合作社理事长只有4.5%。具体如图4-7所示。

年轻人担任合作理事长的合作社数量偏少，一方面是由于农业比较效益长期偏低，又面临自然和市场两大风险，属于弱质产业，大多数年轻人选择进城务工，到第二、三产业就业，不愿意在农村从事农业生产；另一方面，农村生活单调，农业生产在大部分地区劳动强度比较大，年轻人往往向往城市生活，一些涉农专业的大学毕业生也不愿意留在农村从事农业生产；此外，现在很多年轻人，尤其是80后、90后，学习生活一直都是从学校到学校，甚至很多来自农村的年轻人也不具备农业生产技能，这些人都无法再回到农村从事农业生产经营活动。由此可见，农业劳动力老龄化问题在合作社理事长这一群体中也得到反映，农民专业合作社理事长也将面临后继无人的尴尬境地。

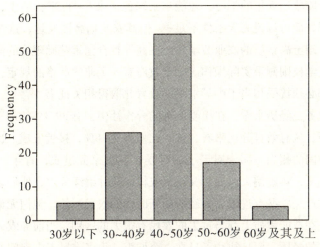

图 4-7　农民专业合作社理事长年龄状况频数分析统计图

从受教育年限来看，与过去相比，目前农村务农人员的文化素质已经发生了很大的变化。一部分人完成了九年义务教育，具备了中学文化程度，大部分人都具有小学文化程度。

据调查，农民专业合作理事长平均受教育年限为 9.92 年，受教育年限的中位数（Median）为 9.92 年，众数（Mode）为 9 年。也就是说，合作社理事长的文化程度平均水平相当于初中文化程度。从具体的数据分布情况来看，有88.1%的合作社理事长具有初中文化程度，小学文化程度的合作社理事长仅仅占到 10.0%，还有 43.6%的理事长具有高中文化程度，有 9.1%的理事长具有大专文化程度，在调查中还了解到有 1 位理事长具有研究生学历。

从纵向比较来看，新中国成立以来，农业农村发生了巨大变化，广大农民群众的文化程度大大提高，尤其是改革开放 30 年以来，农业农村发生了翻天覆地的变化，涌现出了大量的有文化、懂技术、会经营、高素质的农民。然而，从横向比较来看，凉山州农民专业合作社理事长的文化素质仍然不高，距离发展现代农业和建设社会主义新农村的具体要求也还有一定的差距。以丹麦为例①，丹麦农业占据了欧洲的农业产业链顶端。这与丹麦拥有高素质的农民群体密不可分，而在丹麦想当农民须首先持有绿色证书，并具备终身学习的能

---

① 关晋勇. 丹麦：在农业强国想当农民不容易 [N]. 经济日报, 2013-11-08.

力。在丹麦每年大约有 2% 的青年进入农业领域，约 1200 人，其中约有 900 人完成了教育，得到了绿色证书①。一个人须经过 10 年初等教育后，并在农业学院经过三个阶段约 5 年的学习，才能拿到绿色证书①。再来看瑞士，尽管瑞士在农业发展方面可以说先天条件不足②，但其农业仍高度发达，这在很大程度上应归功于瑞士高素质的农业劳动者。在高等教育注重基础理论的同时，瑞士的农业职业学校则侧重实际操作。瑞士政府有一个非常严格的规定：凡是经营农场者，都必须接受相当于中等水平的教育并取得相关证书。③

从外出务工经历来看，在接受调查的合作社中，有 39.1% 的理事长具有外出务工经历，从有效百分比来看，这一比例为 44.8%，接近五成。凉山州合作社理事长中间的相当一部分属于小的时候曾经在家务过农，青年（中年）时期进城务过工，年龄偏大以后，又返回农村居住并继续务农，他们属于既有丰富的农业生产经验又有进城务工经历的新时代的农民群体。他们无论是在文化素质上还是在技能素质上都与过去的农民有很大的区别。当前务农人员大多都有外出务工的经历，而且往往不只在一个城市，很多农民工走南闯北，这些经历开阔了他们的视野，增强了市场经济意识，也学会了如何与人合作，具备一定的团队协作精神。不仅如此，很多务农人员利用进城务工的机会学习和掌握了一至两门实用技术，这些知识和技能完全有可能与新型农业耕作技术结合起来，实现新的技术变革，大大提高农业生产的效率和效益。

4.2.2 合作社理事会的情况

合作社的具体经营管理工作由业务执行机构负责，一般由理事会作为合作社的业务执行机构。《农民专业合作社法》规定"农民专业合作社设理事长一名，可以设理事会"。理事长和理事会成员由成员大会从本社成员中选举产生，依照《农民专业合作社法》和章程的规定行使职权，对成员大会负责。理事会议的表决实行一人一票。因此，理事会及其成员的状况对于合作社的发展举足轻重。

据调查，凉山州农民专业合作社理事会成员构成规模平均为 5.61 人，理事会成员人数的中位数（Median）为 5，众数（Mode）为 5。从数据分布情况来看，理事会成员在 3~5 人期间的合作社最多，有 59.1%；理事会成员在 6~8 人

---

① 有绿色证书的青年农民在购买农场时可以得到一小笔政府补助款，也可以得到政府保证的特别低息贷款。

② 瑞士国土面积小（4.13 万平方公里），山地面积更是占国土面积的 70% 左右；人口少（约 700 万），市场容量小。

③ 许安结. 瑞士现代农业消除城乡差别 [N]. 经济日报，2013-11-08.

的合作社有 22.7%；理事会成员人数最少（3 人以下或者不设置理事会，仅设置理事长）或者人数偏多（12 人以上）的合作社比重较低。具体如表 4–8 所示。

表 4–8 理事会成员人数的频数分布表

		Frequency	Percent	Valid Percent	Cumulative Percent
Valid	3 人以下	3	2.7	2.8	2.8
	[3~5] 人	65	59.1	61.3	64.2
	[6~8] 人	25	22.7	23.6	87.7
	[9~11] 人	8	7.3	7.5	95.3
	[12~14] 人	3	2.7	2.8	98.1
	15 人及其以上	2	1.8	1.9	100.0
	Total	106	96.4	100.0	
Missing	System	4	3.6		
Total		110	100.0		

理事会成员从合作社获得的收入主要包括：工资性收入、营业性收入和财产性收入三大类。凉山农民专业合作社理事会成员收入构成情况呈现多样化的特征，但分布不太均衡。据调查，理事会成员从合作社获得工资收入的情况比较少，仅仅占到被调查对象的 4.9%，许多被调查对象反映担任合作社理事都是"尽义务"，这样也能够调动其他社员参与合作社的积极性。理事会成员收入的主要来源是经营性收入，包括销售产品收入和按交易额返利①。其中，理事会成员获得销售产品收入的合作社占到 49.2%，获得二次返利的合作社占到 14.2%；由于理事会成员本身是经营大户或者贩销大户，他们通过合作社销售自己的产品或者服务，就可以获得非常可观的收入，所以他们愿意无偿地承担合作社相关的管理工作，这实际上也是在为自己工作。

除了从合作社获得工资性收入和经营性收入以外，理事会成员的财产性收入也构成其收入的重要组成部分。理事会成员的财产性收入主要包括奖金、按股分红、股息等收入形式。为理事会成员发放奖金的合作社有 4.4%，理事会成员入股后，按股分红的合作社 24.0%，获得股息的合作社有 2.2%。《农民专业合作

---

① 理事会成员按照交易额返利获得的收入，从本质上来说是一种按劳分配的方式，分配的对象是合作社创造的剩余，但分配的依据是社员与合作社的交易额度。也就是说它是根据社员的生产经营状况进行分配，所以将其纳入经营性收入范畴。

社法》规定，按交易额比例返还的盈余不得低于可分配盈余的百分之六十①，这反映了合作社作为互助性组织的根本特征。但是，按照交易量（额）的比例返还不是盈余返还的唯一方式。根据《农民专业合作社法》规定，合作社可以根据自身情况，按照成员账户中记载的出资和公积金金额，以及本社接受国家财政直接补助和其他捐赠形成的财产平均量化到成员的份额，按比例分配部分利润。② 这一制度设计主要是基于在现实中合作社成员出资不同的情况大量存在。在我国农村资金比较缺乏、合作社资金实力较弱的情况下，必须足够重视成员出资在合作社运作和获得盈余中的作用。适当按照出资进行盈余分配，可以使出资多的成员获得较多的盈余，从而实现鼓励成员出资，提高合作社资金实力的目的。理事会成员收入构成情况的频数分布如表4-9所示。

表4-9　　　　　　　**理事会成员收入构成情况的频数分布表**

		Responses		Percent of Cases
		N	Percent	
理事会成员 收入构成ª	销售产品收入	90	49.2	84.1
	奖金	8	4.4	7.5
	按股分红	44	24.0	41.1
	按交易额返利	26	14.2	24.3
	股息	4	2.2	3.7
	工资	9	4.9	8.4
	其他	2	1.1	1.9
Total		183	100.0	171.0
a. Dichotomy group tabulated at value 1.				

4.2.3　合作社监事会的情况

执行监事或者监事会是农民专业合作社的监督机关③，对合作社的财务和业务执行情况进行监督。执行监事是指仅由一人组成的监督机关，监事会是指由多人组成的团体担任的监督机关。《农民专业合作社法》规定："农民专业

---

① 刘明祖，李春亭，安建，等.《农民专业合作社法》导读［M］.北京：中国民主制出版社，2007：169. 以及《农民专业合作社法》第五章第三十七条规定第一款。

② 刘明祖，李春亭，安建，等.《农民专业合作社法》导读［M］.北京：中国民主制出版社，2007：169.《农民专业合作社法》第五章第三十七条规定第二款。

③ 监督机关是根据法人章程和权力机关的决议对法人执行机关、代表机关实施监督的机关。

合作社可以设执行监事或者监事会。"① 农民专业合作社的监督是由全体成员进行的监督，强调的是成员的直接监督。因此，《农民专业合作社法》规定执行监事或者监事会不是农民专业合作社的必设机构。

据调查，凉山州选择设置执行监事或者监事会的农民专业合作社比重为89.1%，没有设置执行监事或者监事会的农民专业合作社有8.2%。具体如表4-10所示。

表4-10 有无执行监事或者监事会的频数分布表

		Frequency	Percent	Valid Percent	Cumulative Percent
Valid	没有	9	8.2	8.4	8.4
	有	98	89.1	91.6	100.0
	Total	107	97.3	100.0	
Missing	System	3	2.7		
Total		110	100.0		

在选择设立执行监事或者监事会的合作社当中，有41.8%的农民专业合作社监事会人数为3人，占的比重最高；监事会人数选择2人或者5人的合作社均占到12.7%；选择只设置执行监事，也就是监事会只有1人组成的合作社有6个，占到5.5%。具体如图4-8所示。

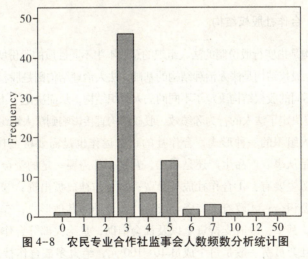

图4-8 农民专业合作社监事会人数频数分析统计图

---

① 刘明祖，李春亭，安建，等.《农民专业合作社法》导读 [M]. 北京：中国民主法制出版社，2007：167.《农民专业合作社法》第四章第二十六条规定。

5 凉山新型农民合作组织内部治理机制

本书选择了股权结构、决策机制、经营管理机制、利润分配机制、内部监督机制五个一级指标,前三大股东持股量等十余个二级指标来研究合作社治理情况。本研究采取五点量表法,依据经典合作社原则和《农民专业合作社法》的要求对合作社治理指标评级,越是符合经典合作社原则和《农民专业合作社法》的要求,治理指标评分越高。以下是对凉山州合作社治理机制各项指标的分析。

5.1 股权结构

5.1.1 合作社股权结构

股权结构是指实行股份制的法人组织的总股本中不同性质的股份所占的比例及其相互关系。股权结构是法人治理结构的基础,法人治理结构则是股权结构的具体运行形式。不同的股权结构决定了不同的法人组织结构,从而决定了不同的法人治理结构,最终决定了法人的行为和绩效。股权结构直接影响到法人组织资金来源。

作为法人组织的一种形式,合作社的正常运作也是需要资金作为保障的。合作社无论是从事农产品生产还是加工、营销,都需要一定的资金基础。合作社资金的来源主要有:①合作社成员会费;②合作社成员出资;③从合作社盈余中提取的公积金;④政府支持资金或者社会资助等其他形式;⑤对外举债所取得的资金。其中,政府支持资金以及社会捐助,是绝大部分合作社不可能得到的;合作社会员费一般是每个成员 10~100 元,绝大多数合作社成员数量在1000 户以下,所能筹集到的资金相当有限,解决不了合作社生产管理中所面临的实际问题。因此,合作社必须吸纳成员的股金,才能获得合作社经营管理的原始资金积累。合作社开展生产经营活动基本上都依赖于成员所筹集的股金。因此，在合作社成立初期就形成了只缴纳会费和认购合作社股金的股东成员，而合作社股权问题也随之出现在合作社经营管理中。

怎样才能保证合作社成员凑集起来的资金不会亏损并能够增值？这不仅需要管理者本身具有较强的经营能力，同时还得保证他具有较强的激励去维护合作社股东的利益，尽最大努力经营好成员的出资。国际上关于法人组织治理，一般采用所有者经营模式或利益相关者经营两种方式。如果合作社管理者为没有出资的成员，他们在经营管理中往往会采取一些损害出资者利益的措施，以达到他们个人的目的。因此，现在大多数合作社要求合作社管理者必须认购一定比例的股金，其中部分合作社的管理者即主要出资者——这就是所谓的利益相关者经营合作社。实际上，在所有法人组织中，出资者占有股权的比例很高，自然可以影响到该组织的决策以及经营管理活动。在合作社中，因出资成员本来就占有资金资源优势，他们的综合素质一般会高于那些出不起资的普通成员，因此出资者控制合作社也是顺理成章的事情。资金对合作社经营管理的贡献度，不仅体现在资金本身的作用，还体现了资金所有者对合作社的影响问题。但是，股权高度集中后，会使得合作社被少数出资者所控制，从而只体现少数人的利益，影响合作社的公平性，使合作社丧失了其本来为大多数成员谋利的属性。在国际上，西方一些合作社为避免这种情况发生而采取的办法是按照交易额（量）认购股份，避免合作社成员股权过度集中。在中国，还需要时间去探索符合中国国情的股权认购形式。①

5.1.2 凉山州合作社股权结构现状

本研究用前三大股东的持股量和前十大股东的持股量两个指标反映合作社的股权结构。这两个指标反映的是大股东持有合作社股份的情况。合作社维护的是大多数成员的利益，因此，如果股东持有股份过大，影响了合作社的规范运行，则会损害一般成员的利益。但持股量太小，影响股东入股合作社，也会使得合作社在融资方面存在巨大困难。

依据《农民专业合作社法》中关于认股问题的规定，将合作社大股东持股量分为五个等级来评价，用数字1、2、3、4、5来表示。由于少数成员持股量达到80%~100%时，股权已经相当集中，合作社在经营管理中仿效公司而损害普通成员利益的可能性较大，不符合合作社本质属性的要求，所以这类合

---

① 傅新红，等. 四川省农民专业合作社的治理机制与绩效研究［R］. 成都：四川农业大学，2011.

作社评分最低，评为 1 级；而大股东持股量为 0~20% 的合作社，体现了大多数成员共同出资这一特点，因此在治理指标评价时给予最高评价，评为 5 级。各个等级中合作社的数量占合作社总数的比例如表 5-1 所示。

由表 5-1 可见，凉山州农民专业合作社的股权前三大股东持股量比较分散。在接受调查的合作社当中，52.7% 的合作社前三大股东持股量低于 40%，仅有 9.7% 的合作社前三大股东的持股量高于 80%。也就是说，大多数合作社前三大股东中持股量占合作社总股本的比重并不高，仅仅有少部分合作社前三大股东的持股量比较集中。与前三大股东相比，前十大股东持股量相对比较集中。有 38.4% 的合作社前十大股东持股量大于 80%，有 44.2% 的合作社前十大股东的持股量大于 60%。一般认为，股权比较集中表示少数成员的资本贡献较大，而过于集中的股权结构并非是一种有效的治理机制，其原因在于少数人持股过多会降低其他社员对合作社的认同感和归属感，也有可能引发少数成员侵占未出资成员利益的行为。

表 5-1　　凉山州农民专业合作社大股东持股量情况一览表

评价等级	1	2	3	4	5
持股量比重	[80%~100%)	[60%~80%)	[40%~60%)	[20%~40%)	[0~20%)
前三大股东持股量（%）	9.7	14.0	14.0	24.7	37.6
前十大股东持股量（%）	38.4	5.8	19.8	12.8	23.3

注释：该表中的百分比为有效百分比。

5.2　决策机制

5.2.1　合作社决策机制

合作社决策机制是合作社在享有充分的法人财产权的情况下，对生产、经营等经济活动作出抉择的机制。合作社决策机制客观地反映着决策机体的运动变化规律，并决定着合作社决策行为的有效性程度。合作社决策机制在经营机制中处于重要地位，它不仅是设计其他机制的基础，而且又贯穿于其他各机制运行的始终。健全的决策机制是有效决策的必要条件，其衡量标准就是看它是否与决策的运行规律相符。

在合作社中，成员大会负责合作社各项重大事项的决策。合作社成员大会由所有成员组成，一般实行一人一票制，是普通成员影响合作社决策的主要途径。因此合作社成员大会召开的次数表现了普通成员对合作社事物决策的影响力。理事会（理事长）负责执行成员大会的决策，包括生产经营活动如何进行。因此，理事会成员在日常决策中扮演着非常重要的角色，他们对合作社事务的积极性直接影响到合作社是否能够正常运作。若他们积极性较高，则合作社可以正常运行；若他们没有兴趣管理合作社，则合作社运行艰难。

总的说来，理事会成员对合作社管理的积极性越高，说明合作社正常运作的可靠性越强。普通成员对合作社重大事务决策的影响能力越强，则合作社的民主管理水平越高。

5.2.2 凉山州合作社决策机制现状

5.2.2.1 理事会成员的积极性

本研究采用理事会成员持股量以及理事会成员工资两个因素来衡量理事会成员的积极性。其中理事会成员持股量根据比例分成五个层级，本研究认为，理事会成员持股量占合作社股金总额的60%以上的具有较高积极性，而持股量在20%以下的积极性较低。同时，如果理事会成员持股量较低，但成员有工资，可以相应提高积极性。根据这个标准分析统计结果，如表5-2所示。理事会成员积极性较高或者很高的合作社约占合作社总数的35.5%。由此说明凉山州有超过三分之一的合作社理事会对于合作社管理的积极性比较高，主要是因为这些合作社的股权都相当集中，大股东实际上就是理事会成员，因此理事会成员对于合作社的积极性普遍较高。

表5-2 凉山州农民专业合作社理事会成员积极性情况一览表

评价等级	1	2	3	4	5
持股量比重	[0~20%)	[20%~40%)	[40%~60%)	[60%~80%)	[80%~100%)
理事会成员积极性（%）	39.7	11.8	13.2	10.3	25.0

注释：该表中的百分比为有效百分比。

5.2.2.2 普通成员对合作社事务决策的影响力

虽然仅以合作社成员大会次数衡量普通成员对合作社重大事务决策的影响力不尽科学，但合作社成员大会还是可以在一定程度上反映普通成员对合作社事务决策的影响程度。成员大会召开次数越多，普通成员对于合作社的重大事务情况的了解也会越多，可以及时提出与合作社管理者不同的意见，通过大家讨论形成的结果影响经营管理者。因一时难以找到体现普通成员影响合作社事务决策的其他指标，所以本研究以合作社成员大会召开次数衡量合作社普通成员对事务决策的影响力。

根据合作社的特点，合作社一般在年末或者年初召开一次年度成员大会，理事会或理事长向成员提交合作社总结报告和次年工作计划，成员大会审核理事会工作总结和工作计划。同时，在年中会召开一次成员大会，对合作社过去半年遇到的问题做出总结，以便对下半年的工作作出调整。在遇到特殊事情的时候，合作社一般会临时召开成员大会对事情进行决策，也有的合作社在固定的时间召开成员大会，主要是对成员进行技术或者其他方面的培训。一般来说，合作社的规模越大，召开成员大会的成本就越高，组织难度也越大。由此可见，合作社一年至少应当召开三次成员大会才能使得成员参与合作社生产经营管理事务的正常决策。如果涉及生产经营以及预算决算的重大事务，成员都没法参与，就说明合作社的运作不符合合作社的要求。不召开成员大会或一年只在年终或年初时召开成员大会，成员只能在做预算或决算时对合作社行为加以评论，至于实施过程中的情况，成员则无法影响，因此普通成员对合作社事务决策的影响力很小。而一年召开六次以上的成员大会，成员可以参与合作社的日常生产经营管理活动的决策，随时对合作社管理者提出意见和建议，说明普通成员对于合作社的影响力很大。

本研究在分析普通成员对合作社事务决策的影响力时，将合作社从不召开成员大会的情况定为第一个层级（影响非常小，几乎没有影响），一年召开1~3次成员大会（年初、年末和年中各一次）定为第二个层级（影响一般），召开4~6次为第三个层级（影响较大），召开7~9次为第四个层级（影响极大），召开10次以上（接近于每一个月都召开一次社员大会）为第五个层级（影响最大）。根据这个标准对统计结果进行分析，如表5-3所示。凉山州合作社召开成员大会的次数以1~3次的合作社较多（74.5%）。其次是4~6次和10次以上的合作社，各占10.0%。由此可见，合作社召开成员大会的次数一般都在一年一次及其以上，从不召开社员大会的合作社仅仅占到3.6%。这说明凉山州各合作社在成员大会召开方面，是符合合作社运作基本特点的。

表5-3　　凉山州农民专业合作社成员大会召开情况一览表

评价等级	1	2	3	4	5
成员大会次数	0次	[1~3] 次	[4~6] 次	[7~9] 次	10次及其以上
普通成员对合作社事务决策的影响力（%）	3.6	74.5	10.0	1.8	10.0

注释：该表中的百分比为有效百分比。

5.3　经营管理机制

经营管理机制包括社员进入退出机制和生产经营机制。社员进入和退出机制影响了合作社的产业基础和资金来源，而合作社生产经营机制则影响到合作社在既有产业基础上的发展能力。

5.3.1　合作社进入和退出机制

《农民专业合作社法》关于成员进入和退出的规定体现"入社自由，退社自愿"的原则。只要有民事行为能力的公民即可加入合作社，在现实操作中，合作社可以根据经营业务情况和自身的实际需要，对成员的民事行为能力作出不同的要求。而对于企业、事业单位和社会团体，则要求必须与合作社业务直接有关，能够利用合作社提供的服务才有资格成为社员。允许多种形式的组织成为合作社的成员，既可以增强合作社的经营实力，又可以使各种组织通过合作提高自身的竞争力，实现双赢，如龙头企业、科研院所或者科技协会等单位可以以组织的身份加入合作社，参与合作社的生产经营。总的说来，我国法律对于合作社进入机制，是对个人实施完全的无限制，对单位则有一定的限制。这主要是为了避免与合作社无关的单位控制合作社，使得合作社背弃原则。实际上，合作社成员入社的限制越多，合作社对成员的要求就越高。

而合理的退出机制，则可为合作社在股东（尤其是大股东）的突然退出时采用应对措施奠定基础。按照《农民专业合作社法》的规定，农民专业社成员退出只需要在财务年度结算三个月前提出声明，不需要任何人的批准。因此，从法律上讲，合作社是不能对成员退社实行限制措施的，否则就是违法行为。但是，合作社可以对成员退社申明的时间加以规定，比如提前一季度或者半年提出退社申明，等等。

在给合作社进入限制和退出限制评分时，参考我国法律和国际合作社关于成员入社和退社的惯例，合作社进入和退出的限制越多，则与合作社所坚持的原则背离得越远，应当给予低分。反之，合作社不设置进入限制和退出限制，则是执行合作社原则的表现，所以应当给予高分。因此，本研究在界定合作社进入和退出机制时，以限制最强的为第一个层级，而限制最弱的为第五个层级，即层级越高，成员入社和退社的限制越少。

5.3.1.1 合作社进入限制

合作社吸收新成员，一般程序是由符合合作社社员条件的农户向合作社理事会或理事长提交书面入社申请，经理事会讨论通过即成为合作社成员（第3个层级）。但有的合作社为扩大成员规模，无论农户是否与合作社业务相关，只要提出即同意加入，这类合作社的入社限制就非常弱（第5个层级）。而符合条件的农户提出申请后，不经过理事会讨论即接收的合作社入社限制较弱（第4个层级）；有的合作社则要求符合条件的农户在提出申请后，须经成员大会讨论才予以吸收，这类合作社的入社限制较强（第2个层级），而有少数合作社严格控制成员规模，基本上不吸收新成员，则是设置了严格入社限制的典型（第1个层级）。

据调查，有98.2%的合作社设置了入社限制。其中，有18.3%的合作社对入社农户的生产规模作出明确要求（第2个层级），有45.0%的合作社要求农户的入社申请需要经过理事会讨论通过（第3个层级），23.9%的合作社要求农户的入社申请需要经过全体社员大会讨论通过（第4个层级），还有11.0%的合作社目前不打算再吸收新社员（第1个层级）。具体如表5-4所示。这一方面说明，在发展成员方面，凉山州的合作社已经开始逐步进入内涵发展阶段。随着合作社的进一步发展壮大，新农户进入成熟合作社的门槛还会进一步提高，合作社的外部边界将更加清晰化；另一方面也说明凉山州的合作社是符合《农民专业合作社法》的相关规定，以及国际合作社惯例的。

表5-4　　　　　　　凉山州农民专业合作进入机制情况一览表

评价等级	1	2	3	4	5
入社限制情况（%）	11.0	18.3	45.0	23.9	10.1

注释：该表中的百分比为有效百分比；在问卷调查过程中存在多选情况。

5.3.1.2 合作社退出限制

按照《农民专业合作社法》的规定，合作社成员退社只要在规定的时间内提出声明即可，无须批准。这种方式实际上是体现"退社自由"的原则，保证了社员"用脚投票"的权利。这种方式实际上是完全没有退出限制的状态（第5个层级）。因此，退出程序越复杂，则退出限制越多。当成员退出需要成员大会讨论时甚至不准退出时，退出限制就很严了（第1个层级）。而合作社普通成员退社须取得合作理事会批准，大股东退社须取得成员大会批准，则说明退出限制比较严（第2个层级）。社员（含大股东）提出申请后，须经理事会或者成员大会同意方可退社，则属于第3层级。普通社员提出申请后即可退社，大股东须经理事会或者成员大会同意方可退社，则属于第 4 个层级。层级越高，则体现合作社成员退出能力越强。合作社社员的退出能力越强，说明合作社自由度越高，但也更加松散。

据调查，凉山州合作社对于退出限制的设置比较普遍。仅仅有 12.8% 的合作社允许社员（含大股东）提出申请即可退社（第 5 个层级）；有 86.3% 的合作社都对社员退社设置了相关限制。其中，有 0.9% 的合作社规定社员不允许退出合作社（第 1 个层级），这些合作社主要是由于社员数量比较少，每个社员出资额度比较大，任何一个社员退社都将威胁到合作社的生产和发展；有 16.5% 的合作社要求社员退社时，普通社员提出申请须经理事会同意方可退社，大股东须经成员大会同意方可退社（第 2 个层级）；有 46.8% 的合作社对社员退社时规定，社员（含大股东）提出申请后须经理事会或者成员大会同意方可退社（第 3 个层级）；有 22.1% 的合作社对社员退社时规定，普通社员提出申请后即可退社，大股东须经理事会或者成员大会同意方可退社（第 4 个层级）。具体如表 5-5 所示。

表 5-5　　　　凉山州农民专业合作社退出机制情况一览表

评价等级	1	2	3	4	5
退社限制情况（%）	0.9	16.5	46.8	22.1	12.8

注释：该表中的百分比为有效百分比。

5.3.2　生产经营机制

合作社以同类农产品的生产或者同类农业生产经营服务为纽带，来实现成员共同的经济目的，其经营服务的内容具有很强的专业性。这里所称的"同类"，是指以《国民经济行业分类》规定的中类以下的分类标准为基础，提供该类农产品的销售、加工、运输、贮藏、农业生产资料的购买，以及与该类农业生产经营有关的技术、信息等服务。由此可见，合作社可以提供产前、产中和产后的各种服务。

本研究采用为合作社成员提供生产资料，设置专人监管成员产品生产过程和产品质量，为成员销售产品三个指标衡量合作社生产经营机制，分别体现了合作社在产前、产中和产后所提供的服务。合作社在产前、产中和产后所起的作用越大，说明其生产经营体制越健全。

5.3.2.1　农业生产资料供应（产前）

农业生产资料包括种子、农药、化肥、农膜、饲料、兽药等进行农业生产所必需的生产资料。我国农资供应体系经历了"计划—双轨制—市场"三个发展阶段。当前是农资供应市场化时期，农资供应的一般渠道是：生产厂家→省市级批发商→县级经销商→乡镇零售商→农户。在农户和厂家之间，存在两三个流通环节，农民在农资上付出了较高成本。如果合作社能够从农资生产企业以批发价购买到农资，然后再出售给成员，将大大缩短流通环节，降低农资采购成本。合作社从事农资经营一般有两种形式：一种是按成本价提供农资，相当于将利润直接返还给合作社成员；另外一种是按照市场价提供农资，然后在年终按交易额返还利润。无论哪种方式，都可以在一定范围内降低农户生产资料成本。因此，合作社为成员提供农资服务，对于成员来说，具有重要的现实意义。同时，合作社和农资生产企业确立稳定的农资供销关系，也能够保证农资质量，减少农资质量风险。

在本次调查的110家合作社中，为成员提供农资服务的合作社有75.7%。其中，为成员提供农资服务的合作社又分为两种，即合作社从事农资经营和合作社代购农资。前者是合作社具有一定的经济实力，直接购买农资后出售给成员，该情况占到49.5%；而后者则是成员向合作社提出农资需求申请，预付资金，由合作社统一购买后发放给成员，该情况占到26.2%。在被调查的农民专业合作社当中，成员自己到附近市场上购买农资，合作社不参与成员生产资料的供应事宜的情况也在一定程度上存在，占到被调查对象的21.4%。具体情况如表5-6所示。

表5-6　　农民专业合作社成员生产资料供应渠道的频数分布表

	Cumulative Percent		Frequency	Percent	Valid Percent
Valid	合作社从事农资经营，统一购买后出售给成员，成员不必预付资金	51	46.4	49.5	49.5
	社员向合作社提出农资需求申请，预付资金，由合作社统一购买后发放	27	24.5	26.2	75.7
	成员自己到附近市场上购买，合作社不参与成员生产资料供应事宜	22	20.0	21.4	97.1
	其他情况	3	2.7	2.9	100.0
	Total	103	93.6	100.0	
Missing	System	7	6.4		
	Total	110	100.0		

5.3.2.2 生产质量控制（产中）

农产品生产经营不仅受到市场风险和自然风险的影响，而且还要面对可能由社会道德、技术、环境、制度等方面主客观因素导致的产品质量安全风险。由于改革开放以后，我国的家庭农产品生产模式为主要生产模式。但是，小规模农户经营在确保农产品质量安全方面存在诸多困难，经济实力的不足，可能带来技术应用不当或不足；众多分散的小农户，在作物品种选择、生产标准使用等方面千差万别，难以形成专业化、规模化生产。同时，农民为追求降低生产成本，提高家庭收益，往往使用廉价的农资，从而使其生产出的农产品在质量上存在问题。比如部分地区的农民在20世纪末使用廉价、高毒、高残留的六六六，在停用这种农药十年后，土地生产出的产品在检测时仍然存在六六六残留超标的现象。

如何在小农户生产经营条件下做到源头控制、事前监督，关键是把握住对农产品生产经营环节的质量安全管理，对此合作社具有独到的优势。一是它的产业专业性特点，参加的农户成员具有产业同质性，面临的生产经营问题相同；二是统一服务，易于形成生产规模，并实现生产标准化。

据调查，在受访的合作社负责人中，有91.5%的合作社负责人回答时都说自己的合作社设置了专人对成员生产过程和产品质量予以监管。大多数合作社的负责人都对于产品质量监管持肯定态度。具体情况如表5-7所示。

表5-7　　农民专业合作社设置专人监管质量的频数分布表

		Frequency	Percent	Valid Percent	Cumulative Percent
Valid	没有	9	8.2	8.5	8.5
	有	97	88.2	91.5	100.0
	Total	106	96.4	100.0	
Missing	System	4	3.6		
Total		110	100.0		

关于农业生产技术，在调查中发现有55.3%的合作社在产品生产过程中，生产技术主要是由合作社技术人员进行控制。同时，还有18.6%的合作社在产品生产过程中，生产技术主要是由地方政府及相关单位服务人员进行控制；有6.8%的合作社在产品生产过程当中，生产技术是由产品收购方来控制；有5.6%的合作社在产品生产过程中，生产技术主要由生产资料的供应者来控制。

总的来说，无论是生产资料供应者、产品收购方，还是地方政府及相关单位服务人员来控制农业生产技术，这些主体之所以愿意出面来控制和干预农业生产技术，都与广大农户通过合作社这个平台组织起来，实现规模经济有关。

与此同时，也还有 12.4%的合作社负责人反映，在产品生产过程中，生产技术主要由社员自己控制。具体情况如表 5-8 所示。

表 5-8　合作社在产品生产过程中生产技术控制主体的频数分布表

		Responses		Percent of Cases
		N	Percent	
生产技术控制[a]	社员	20	12.4	19.2
	合作社技术人员	89	55.3	85.6
	地方政府及相关单位服务人员	30	18.6	28.8
	产品收购方	11	6.8	10.6
	生产资料供应者	9	5.6	8.7
	其他	2	1.2	1.9
Total		161	100.0	154.8
a. Dichotomy group tabulated at value 1.				

关于合作社对农产品的生产标准的控制。有 41.9%的合作社生产的农产品要求达到合作社制定的标准，换句话说，社员一旦加入合作社就必须达到合作社统一规定的生产标准。也就是说，合作组织这一组织形式有利于提高和维持农产品生产的质量。[①] 不仅如此，在接受调查的合作社当中，还有 23.8%的合作社生产的农产品达到了国家标准，有 11.4%的合作社生产的农产品达到了地方标准（县市标准），还有 8.6%的合作社生产的产品达到企业标准。在接受调查的合作社当中，目前没有明确生产质量标准的合作社有 12.4%。具体如表5-9 所示。

---

① 关于合作社提升农产品质量的内在机理，可参阅作者发表在《农村经济》2011 年 10 期上的论文：专业合作、重复博弈与农产品质量安全水平提升的新机制——基于四川省西昌市鑫源养猪合作社品牌打造的案例分析。

表5-9 农民专业合作社生产的农产品达到生产标准情况频数分布表

		Frequency	Percent	Valid Percent	Cumulative Percent
Valid	没有标准	13	11.8	12.4	12.4
	合作社制定标准	44	40.0	41.9	54.3
	地方标准（县市级）	12	10.9	11.4	65.7
	省级标准	1	0.9	1.0	66.7
	国家标准	25	22.7	23.8	90.5
	企业标准	9	8.2	8.6	99.0
	其他	1	0.9	1.0	100.0
	Total	105	95.5	100.0	
Missing	System	5	4.5		
	Total	110	100.		

关于合作社产品质量安全保障认证情况。在接受调查的110家合作社中，有53.8%的合作社自己控制产品标准，对本社产品质量安全提供保障。有18.9%的合作社产品取得过地方质检部门认可；还有27.3%的合作社在产品质量安全上开展"三品一标"① 相关认证。其中获得无公害农产品认证的合作社有11.3%，获得绿色食品认证的合作社有13.2%，获得有机食品认证或国家农产品地理保护标志认证的合作社有2.8%。

表5-10 合作社产品质量安全保障认证情况频数分布表

		Responses		Percent of Cases
		N	Percent	
产品质量安全保障ᵃ	合作社自己控制产品标准	57	53.8	57.0
	合作社产品取得过地方质检部门认可	20	18.9	20.0
	无公害农产品认证	12	11.3	12.0
	绿色食品认证	14	13.2	14.0
	有机食品认证或国家农产品地理标志	3	2.8	3.0
Total		106	100.0	106.0
a. Dichotomy group tabulated at value 1.				

由此可见，还有相当数量的农民和合作社对提高质量安全意识不强，技术水平不高，管理方式落后，投入品控制缺乏严格的措施。

---

① "三品一标"是指无公害产品、绿色产品、有机食品以及国家农产品地理保护标志。

5.3.2.3 产品销售服务（产后）

合作社是独立的法人，只要取得授权，可以开展农业企业可以从事的任何业务。只要合作社具备条件，他们也可以捕捉和掌握到准确的市场信息，用现代产品生产经营管理思维进行产品的生产和销售，从而取得更好的产品销售价值，获取更多的产品利润。根据自身和市场的发展，合作社可以形成"生产—加工—贮藏—运输—销售"一体化的产业化经营模式，这样可以更好地实现农产品生产者的利益。在各个环节中，产品销售是至关重要的。产品能够以相对较好的价格顺利销售，这是合作社能够吸引农户的重要因素。如果合作社不提供产品销售服务，合作社无法给农户解决最迫切的问题，也无法实现合作社发展所需要的资金积累，所以合作社很难运作下去。

据调查显示，凉山州七成以上的合作社都为成员提供产品销售服务。其中38.8%的合作社介绍收购商或企业收购成员的产品；有15.5%的合作社直接收购成员产品，组织统一销售；有12.4%的合作社收购成员产品，然后再统一出售给加工企业；还有7.0%的合作社收购成员产品后，加工成半成品或者成品，再统一销售，进而获得产品加工环节的增值收益，延长产业链条。尤其是一部分种植业合作社的产品，产品收获期偏短，不易贮藏。在产品集中上市期间，价格常常跌破成本价格，频频出现"谷贱伤农"的现象。这期间，合作社如能够出面收购成员产品，统一组织产品加工，就解决了合作社成员的后顾之忧。[①] 但同时也要看到，在调查中也有24.8%的合作社由参与农户自己销售产品。具体如表5-11所示。

表5-11　　　　　合作社产品主要销售渠道频数分布表

		Responses		Percent of Cases
		N	Percent	
产品主要销售渠道[a]	介绍收购商或企业收购产品	50	38.8	47.6
	收购成员产品	20	15.5	19.0
	收购成员产品，出售给加工企业	16	12.4	15.2
	收购成员产品，加工出售半成品或成品	9	7.0	8.6
	由农户自己销售	32	24.8	30.5
	其他	2	1.6	1.9
Total		129	100.0	122.9
a. Dichotomy group tabulated at value 1.				

---

① 西昌市北门食用菌专业合作社建立一家食用菌加工厂，在合作社成员生产的食用菌集中上市、供过于求的情况下，由合作社出面按照成本价统一收购社员产品，加工成食用菌罐头后统一出售，平抑了市场价格波动，保护了生产者利益，深受广大社员欢迎。

5.4　利润分配机制

《农民专业合作社法》第三十七条规定："在弥补亏损、提取公积金后的当年盈余，为农民专业合作社的可分配盈余。"① 合作社的属性是互助性经济组织，以成员为主要服务对象，这是合作社区别于其他经济组织的根本特征。如果一个合作社主要为非成员服务，它就与一般的公司制企业没有什么区别了，合作社也就失去了作为一种独立经济组织形式存在的必要。

5.4.1　合作社分配方案的制订

《农民专业合作社法》不仅对合作社利润分配的对象做了明确的规定，而且具体的分配办法也做出了相关要求。"具体分配办法按照章程规定或者经成员大会决议确定。"也就说，合作社的分配方案可以由合作社自行决定，但必须在章程中说明，如果有调整，必须经过社员大会通过。

在调查的110家合作社中，分配方案的决策机构主要是合作社的社员大会，分配方案经社员大会通过表决的合作社有72.4%；理事会作为分配方案的决策者的合作社有26.7%；由理事长或执行理事直接决定合作社分配方案的仅仅为1.0%。具体如图5-1所示。

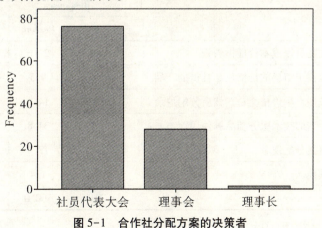

图5-1　合作社分配方案的决策者

---

① 刘明祖，李春亭，安建，等.《农民专业合作社法》导读 [M]. 北京：中国民主法制出版社，2007：169. 以及《农民专业合作社法》第五章第三十七条规定。

5.4.2　合作社收益分配方式

农民专业合作社的分配方式具有多样化的特征。在合作社的经营过程中，成员享受合作社服务的表现形式就是与合作社进行交易，这种交易可以是通过合作社共同购买生产资料，销售农产品，也可以是使用合作社的农业机械，享受合作社的技术、信息等方面的服务。其中部分服务，合作社带动农户（非成员）也能够享受到。成员享受合作社的服务是合作社生存和发展的基础。比如农产品销售合作社，如果成员都不通过合作社销售农产品，合作社就收购不到农产品，也就无法运转。对于农业生产资料合作社，如果成员不通过合作社购买生产资料，合作社也就失去了存在的必要。

在接受调查的 110 家农民专业合作社中，有 34.8% 的合作社采取免费提供技术服务和品牌使用等方式向广大社员分配福利；有 27.6% 的合作社采取向社员以成本价格提供农资的方式向社员分配收益；还有 14.3% 的合作社选择先按照市场价格交易，然后根据交易量（额）分配盈余；有 9.5% 的合作社采取以高于市场的价格收购社员产品的方式分配收益；也有一些合作社采取直接分配现金的方式向社员分配合作社收益，这种情况占到 12.4%。具体情况如表 5-12 所示。

表 5-12　　　　农民专业合作社分配收益方式频数分布表

		Responses		Percent of Cases
		N	Percent	
分配收益的方式[a]	向社员以成本价提供农资	58	27.6	55.8
	以高于市场的价格收购社员的产品	20	9.5	19.2
	按照市场价格交易，然后分配盈余	30	14.3	28.8
	免费的技术服务和品牌使用	73	34.8	70.2
	直接分配现金	26	12.4	25.0
	其他	3	1.4	2.9
	Total	210	100.0	201.9

注：该百分比为有效百分比，该指标为多项选择题。

5.4.3　二次返利情况

农民专业合作社是从事同类农业生产的农民组建的互助性经济组织。由于成员在与合作社进行农资或农产品交易时获得了相对低的农资价格或者相对高的产品价格，即已经获利一次，因此这种在年终返还合作社利润的方式，被称为二次返利制度。是否实行二次返利制度是衡量合作社是否体现成员利益的重要标准。《农民专业合作社法》规定："可分配盈余按成员与本社的交易量（额）比例返还，返还总额不得低于可分配盈余的百分之六十。"[①] 这反映了合作社作为互助性组织的根本特征。

在调查的 110 个合作社中，实行二次返利的合作社只有 55 个，占到 59.1%；没有实行二次返利的合作社有 38 家，占到 40.9%。这说明目前凉山州还有一部分合作社没有按照《农民专业合作社法》的要求实行二次返利。具体如表 5-13 所示。在没有实行二次返利的合作社中，部分合作社是因为合作社处于发展初期，尚无利润可返；也有部分合作社被少数人作为实现自身利益的工具，并没有为大多数成员谋利益的动机，出现了所谓"大农吃小农"的现象。

表 5-13　　　　合作社是否对社员进行二次返利的频数分布情况

		Frequency	Percent	Valid Percent	Cumulative Percent
Valid	否	38	34.5	40.9	40.9
	是	55	50.0	59.1	100.0
	Total	93	84.5	100.0	
Missing	System	17	15.5		
Total		110	100.0		

5.4.4　股金收益情况

按交易量（额）的比例返利是合作社盈余返还的主要方式，但不是唯一途径。《农民专业合作社法》规定："合作社可以根据自身情况，按照成员账户中记载的出资和公积金份额，以及本社接受国家财政直接补助和他人捐赠形成的财产平均量化到成员的份额，按比例分配部分利润。"[②] 允许资本要素参

---

① 刘明祖，李春亭，安建，等.《农民专业合作社法》导读 [M]. 北京：中国民主法制出版社，2007：169. 以及《农民专业合作社法》第五章第三十七条第一款规定。

② 刘明祖，李春亭，安建，等.《农民专业合作社法》导读 [M]. 北京：中国民主法制出版社，2007：169. 以及《农民专业合作社法》第五章第三十七条第二款规定。

与合作社盈余的分配，这主要考虑到在现实中，一个合作社中成员高度异质性，成员之间出资不同的情况大量存在。在我国农村资金比较缺乏、合作社资金实力较弱的情况下，必须足够重视成员出资在合作社运作和获得盈余中的作用。适当按照出资进行盈余分配，可以使出资多的成员获得较多的盈余，从而实现鼓励成员出资，壮大合作社资金实力的目的。此外，成员账户中记载的公积金份额、本社接受国家财政直接补助和他人捐赠形成的财产平均量化到成员的份额，也都应当作为盈余分配时考虑的依据。这是因为，补助和捐赠的财产是以合作社为对象的，而由此财产产生的盈余则应当归全体成员平均所有。

在接受调查的 110 家合作社中，社员缴纳股金获得按股分红的合作社占到 59.1%，获得固定股息的占到 4.7%，按照交易额返还利润，获得"二次返利"的占到 31.5%。具体情况如表 5-14 所示。

表 5-14　　合作社社员缴纳股金获得的收益情况频数分布表

		Responses		Percent of Cases
		N	Percent	
股金收益	按股分红	75	59.1	73.5
	固定股息	6	4.7	5.9
	按照交易额返还利润	40	31.5	39.2
	其他	6	4.7	5.9
Total		127	100.0	124.5

注：该百分比为有效百分比，该指标为多项选择题。

5.5　内部监督机制

5.5.1　合作社监督机制

《农民专业合作社法》规定："农民专业合作社的理事长或者理事会应当按照章程规定，组织编制年度业务报告、盈余分配方案、亏损处理方案以及财务会计报告，于成员大会召开的十五日前，置备于办公地点，供成员查阅。"[1]

———————

[1] 刘明祖，李春亭，安建，等.《农民专业合作社法》导读 [M]. 北京：中国民主法制出版社，2007：168. 以及《农民专业合作社法》第五章第三十三条规定。

同时该法还规定:"设立执行监事或者监事会的农民专业合作社,由执行监事或者监事会负责对本社的财务进行内部审计,审计结果应当向成员大会报告。""成员大会也可以委托审计机构对本社的财务进行审计。"① 由此可见,监事会和财务公开是合作社内部监督机制的两个主要组成部分。监事会召开的次数和财务公开的次数,代表合作社监督力度的强弱。

财务会计报告和会计账簿是反映合作社业务经营情况的重要资料,包括成员与合作社的交易情况、合作社的收入和支出情况,以及合作社的盈余亏损情况、债权债务情况等。这些资料与成员的切身利益密切相关,作为合作社的出资者和利用者,成员应当享有查阅这些资料的权利,以了解合作社的财务情况,参与合作社的管理和决策,维护自身的合法权益。这既是保障成员知情权、参与权、决定权的重要内容,也是成员对合作社进行监督的重要途径。所以财务公开具有重要意义。

按照《农民专业合作社示范章程》②,监事会具有多重重要的职责:①监督理事会对成员大会决议和本社章程的执行情况;②监督检查本社的生产经营业务情况,负责本社财务审核监察工作;③监督理事长或者理事会成员和经理履行职责情况;④向成员大会提出年度监察报告;⑤向理事长或者理事会提出工作质询和改进工作的建议;⑥提议召开临时成员大会;⑦代表本社负责记录理事与本社发生业务交易时的业务交易量(额)情况。由此可见,监事会需要在一定时间内召开会议,对合作社经营管理的一些事情进行讨论,以便提出应对措施。

5.5.2 凉山州合作社监督机制运行情况

根据《农民专业合作社法》的规定,合作社财务公开应该在成员大会召开十五日前公布。因此,本研究认为监事会召开次数和财务公开次数与成员大会次数应当一致(或者略多)。将合作社监事会从未召开会议视为合作社监事会起到的监督作用很小或者根本没有起到监督作用(第1个层级);监事会每年召开1~3次会议(年初、年末、年中等各一次),视为合作社监事会起到了一定的监督作用(第2个层级);监事会每年召开4~6次会议(平均每季度、平均每两个月召开一次),视为合作社监事会起到较大的监督作用(第3个层

---

① 刘明祖,李春亭,安建,等.《农民专业合作社法》导读 [M].北京:中国民主法制出版社,2007:168. 以及《农民专业合作社法》第五章第三十八条规定。

② 西昌市农民专业合作经济组织发展工作领导小组. 西昌市农民专业合作社发展工作手册 [G]. 2010 (6):25-34.

级）；监事会每年召开7~9次会议（平均不到两个月就召开一次），视为合作社监事会起到很大的监督作用（第4个层级）；监事会每年召开10次及其以上的会议（几乎平均每个月就召开一次会议），视为合作社监事会起到相当大的监督作用（第5个层级）。根据这个标准，将所调查合作社的监事会召开次数和财务公开次数分类，得到的结果如表5-15所示。

表5-15 凉山州农民专业合作社监督机制运行情况

评价等级	1	2	3	4	5
公开次数	0次（从不）	[1~3] 次	[4~6] 次	[7~9] 次	10 次以上
社员大会召开次数（%）	3.6	74.5	10.0	1.8	10.0
监事会召开次数（%）	5.6	54.6	18.5	0.9	20.4
财务情况公开次数（%）	1.0	72.4	9.5	1.0	16.2

注：表中的数据为有效百分比。

（1）合作社社员大会召开的次数。从统计数据来看，在接受调查的合作社当中，平均每年召开社员大会的次数为3.99次，合作社召开社员大会次数的中位数（Median）为2次，众数（Mode）也为2次。平均每年召开1~3次社员大会的合作社占74.5%，由此可见，凉山州的农民专业合作社通过成员直接监督合作社起到了一定的作用；有21.8%的合作社平均每年召开的成员大会次数在4次及其以上。在调查中发现，合作社成员的规模越小，召开成员大会的次数就越多。原因在于合作社规模越大，组织全体成员召开成员大会的难度就越大，协调成本也越高。

（2）合作社监事会会议召开的次数。从统计数据来看，在接受调查的合作社当中，平均每年召开监事会会议的次数为5.83次，合作社召开监事会会议次数的中位数（Median）为3次，众数（Mode）为2次。平均每年召开1~3次监事会会议的合作社占54.6%，有39.8%的合作社平均每年召开的监事会会议在4次及其以上。由此可见，凉山州的农民专业合作社通过监事会对合作社的运作起到了较好的监督作用。

（3）合作社财务公开的次数。从统计数据来看，在接受调查的合作社当中，平均每年财务公开的次数为4.14次，合作社公开财务信息次数的中位数（Median）为2次，众数（Mode）也为2次。平均每年公开合作社财务信息1

~3 次的合作社占到 72.4%，有 26.7% 的合作社平均每年公布财务信息的次数在 4 次及其以上。由此可见，凉山州农民专业合作社通过财务公开的方式对合作社的财务运作情况起到了较好的监督作用。

6 凉山农民专业合作社发展的障碍及对策

6.1 发展资金缺乏，融资渠道偏少

6.1.1 问题描述

资金对于任何企业组织的生存和发展都十分重要。资金是企业组织生存和发展的核心生产要素之一，作为与劳动和土地并列的一种生产要素，它一般是由经济制度本身生产出来并被用作投入要素以便进一步生产更多的商品和劳务的特殊物品。① 在社会主义市场经济条件下，资金是投于企业生产和经营活动的固定资产和流动资产的价值形态，它还常常被比喻成企业组织体内流动的血液。农民专业合作社是一种特殊的企业组织形式，资金对于农民专业合作社的发展也具有十分重要的意义。

然而，西昌市航发种养殖专业合作社理事长陈启珍在谈到贷款难的问题时，反映目前合作社社员养殖技术成熟，抗风险能力也比较强，内部管理规范，合作社面临进一步扩大养殖规模，增建养殖小区的实际需要，由于缺乏银行认可的抵押物，银行不愿意贷款给合作社。在调研中还了解到农村的住房、养殖场、活畜等均不能作为银行的抵押物品。在调研过程中，其他合作社也反映到类似的情况，由于农业生产领域缺少抵押物品，银行一般不愿意贷款给农业生产部门。

6.1.2 对策建议

资金缺乏已经成为合作社扩大生产规模的瓶颈因素，这是有发展潜力的合

---

① 高鸿业. 西方经济学（微观部分）[M]. 北京：中国人民大学出版社，2011：234.

作社面临的最大障碍。如何破解这一问题，课题组提出三点建议。

第一，鼓励农民专业合作社发展资金互助。

根据《农民专业合作社法》、2006年中央一号文件"引导农户发展资金互助组织"、党的十七届三中全会允许农民专业合作社开展信用合作等国家有关政策法规文件的规定，积极鼓励农民专业合作社发展资金互助，从而实现由农民专业合作社自己解决农业生产领域发展资金不足的难题。

据调查，在凉山州西昌市范围内，目前已经成立四家农民资金互助合作社。其中佑君镇农民资金互助合作社自成立以来，由最初的24位发起人发展至今共有社员415户，社员互助金累计1080.7万元，累计向社员投放互助金950.7万元，按期收回331万元，现投放619.7万元。投放范围覆盖佑君镇各个村组，涉及种植、养殖、农业运输、农机、农具、农资购买等，为社员增产增收提供了有力的支持和帮助，促进了当地农村经济的发展。安宁镇农民资金互助合作社发展情况也非常良好，自成立以来没有出现一笔呆账和坏账，在一定程度上缓解了合作社社员农业生产资金缺乏的问题。

第二，引导涉农项目资金扶持合作社。

随着我国经济社会的发展，国家财力的不断增强，尤其是"工业反哺农业、城市支持农村"发展战略的深入实施，中央财政用于"三农"的资金每年都有较大幅度的增长，如图6-1所示。

图6-1 中央财政用于"三农"资金的增长情况

农民专业合作社是广大农民群众自己的经济组织，扶持农民专业合作社就是扶持农民、扶持农村和扶持农业，合作社已经成为中央财政和各级地方财政扶持的重点对象。十八届三中全会决定要求"鼓励农村发展合作经济，扶持发展规模化、专业化、现代化经营，允许财政项目资金直接投向符合条件的合作社，允许财政补助形成的资产转交合作社持有和管护，允许合作社开展信用合作。"①《农民专业合作社法》（2007）、《中央财政农民专业合作社组织发展资金管理办法》（2013）、《四川省农民专业合作社经济组织建设财政专项资金管理办法》（2010）等法律和文件都阐述了有关农民专业合作社的扶持政策，包括产业扶持、财政扶持、金融扶持、税收优惠、人才支持等政策。在2010年，农业部等七部委还决定：对适合农民专业合作社承担的涉农项目，将农民专业合作社纳入申报范围；尚未明确将农民专业合作社纳入申报范围的，应尽快纳入并明确申报条件；今后新增的涉农项目，只要适合农民专业合作社承担的，都应将农民专业合作社纳入申报范围，明确申报条件。目前，农业部蔬菜园艺作物标准园创建、畜禽规模化养殖场（小区）、水产健康养殖示范场创建、新一轮菜篮子工程、粮食高产创建、标准化示范项目、国家农业综合开发项目等相关涉农项目，均已开始委托有条件的有关农民专业合作社承担。

因此，建议地方政府的农业部门在坚持突出重点、扶优扶强的前提下，引导产业基础牢、经营规模大、品牌效应高、服务能力强、带动农户多、规范管理好、信用记录良的农民专业合作社积极申报国家和省级财政涉农项目，获得财政涉农资金的支持，缓解自身发展过程中面临的资金困难。

据调查，凉山州内许多农民专业合作社已经建成省级、国家级示范社，并获得了财政支持资金。西昌市韭黄专业合作社、西昌市山野香蒜产销专业合作社等还获得"凉山州西昌市扶持'菜篮子'产品产生项目"资金。这些资金的使用权由合作社集中支配，所有权量化到每一位社员账户上，既缓解了合作社缺钱的问题，又调动了专业合作社社员参与合作社的积极性，扩大了合作社的生产规模。

第三，支持农信社、邮政储蓄、村镇银行小额贷款支农。

农业属于弱质产业。由于农业生产领域生产周期长、资金流转率慢、资金额度需求小，还长期面临自然和市场两大风险威胁等特点，大多数金融机构远离农业生产领域，不愿意将资金贷给农民发展农业生产，一些金融机构甚至还充当了广大农村的"金融抽水机"角色，源源不断地将农业生产领域积累起来的剩余资金从农村输送到城市，投入工商业建设领域，致使农业生产长期遭遇"贫血病"。为此，必须通过行政手段，规划一定的贷款额度，引导农信社、村镇银行、

---

① 中共中央关于全面深化改革若干重大问题的决定 [N]. 经济日报，2013-11-16.

邮政储蓄等金融机构积极开发小额贷款项目，扶持农业生产发展。

6.2　流转土地困难，租赁成本高

6.2.1　问题描述

古典政治经济学创始人威廉·配第曾说："土地是财富之母，劳动是财富之父。"对于农业生产来说，更是如此，没有土地，农业生产便成为无源之水，无根之木，土地对于农业生产的重要性无论怎么强调都不为过。然而，随着我国工业化、城镇化的快速推进，耕地面积日益减少。尽管国家划定了18亿亩耕地红线，部分地区也坚持土地占补平衡政策，但是真正适宜农业生产的优质土地面积仍然在不断减少。农业土地供给日趋减少，而需求在不断增加，其结果是土地价格不断上涨，尤其是交通便利、靠近城镇的土地价格，在城市商业地产价格的带动下，节节高升。据调查，在西昌市周边的西郊乡、高枧乡、经久乡等地，土地的租金已经上涨到 2000 元/亩·年，有的地方甚至更高；在会东县县城周边的土地租金也是 2000 元/亩·年左右。

合作社面临关键的问题在于如此高企的土地租金，部分合作社依然找不到适宜耕作的土地，特别是集中连片的耕地。课题组在西昌市安宁韭黄种植专业合作社调查中了解到，该合作社经营前景光明，韭黄种植技术成熟，市场销路通畅，所产韭黄远销昆明、武汉等地。合作社面临的最大困难是缺乏集中连片的土地，现有土地流转费用偏高，流转过程中与当地农民谈判交易成本也高，令韭黄种植大户望而却步。据西昌市顺鑫种植专业合作社理事长王方刚反映，该合作社成立以来，迟迟没有拓展经营活动，困难就在于找不到集中连片的土地，与当地农户打交道困难重重。土地问题已经成为农民专业合作社生产经营中的主要困难之一。

6.2.2　对策建议

土地问题的解决事关农民专业合作社的发展壮大，事关农业生产经营中规模经济效益的大小，事关城镇化和农业现代化相互协调，事关工业化、信息化、城镇化、农业现代化的同步发展。凉山州广大农村区域在迈向农业现代化道路，实现"四化"同步发展之际，破解土地问题任务紧迫，意义重大。为此本研究提出三点建议。

第一，引导农民成立土地股份合作社，整理现有土地。

农村现行农地制度是改革开放之初确立的家庭承包经营制度，土地所有权归村集体所有，使用权（也就是承包经营权）归广大农户所有。这一制度已经延续30多年，该制度在实施之初，极大地调动了农民的生产积极性，促进了农村生产力的发展，在解决人民公社长期"吃大锅饭"的问题上发挥了历史性作用。然而，随着改革开放，我国经济社会发生了翻天覆地的变化，经济总量已经跃居世界第二位，经济发展阶段已经步入工业化中后期，第二、三产业产值已经远远超过农业，农业人口大量转移到第二、三产业就业；农村人口急剧减少，出现了"农村社区空心化、农业劳动力老龄化、农业生产兼业化"等新现象和新情况；农村人地关系由数百年来极度紧张的状态，逐步转变为农村大量土地广种薄收，甚至部分土地出现抛荒、无人耕种等局面。

换句话说，一方面是大量土地因为劳动力短缺而粗放经营，另一方面是合作社一地难寻。为了解决这一问题，建议由地方政府和村集体出面协调，将农民不愿意耕种，或者无力耕种的土地作价入股，引导农民成立土地股份合作社，由土地股份合作社统一经营和管理土地，或者将土地流转给其他种养专业合作社、家庭农场经营管理，所获得的收益由全体入股农户按股分红。当地农户家中的闲散剩余劳动力也可以到当地合作社等农业经营实体就业，获得工资性收入。

据调查，在西昌市白水沟特色种植专业合作社，就是由当地村委会发起成立的一家土地股份合作社，该合作社有社员114户，核心社员8户，由村主任赵图华任理事长，流转土地近100亩。合作社承诺支付农户2000元/亩·年的土地入股收益，其中800元属于工资性收入，如果社员不到合作社务工，则只能获得1200元的土地入股收益。目前该合作社已经发展起莲藕、花卉苗木等产业，并正在向全社会招商引资，吸引项目投资。

不仅如此，土地股份合作社在四川省成都市温江区的部分乡镇早已全面铺开。为了适应温江区花卉苗木产业的蓬勃发展，当地村两委在地方政府的引导下，积极推进"两股一改"，成立土地股份合作社。这一做法既促进了土地流转和土地整理，降低了土地流转成本，又让当地农户分享现代农业发展带来的收益，增加了家庭财产性收入。

第二，充分利用荒山、荒坡和荒滩，增加耕地供应。

土地是一种不可再生的、有限供应的生产要素。在城镇化和工业化加速推进的过程中，农业用地不断被占用，为了坚守18亿亩耕地这条红线，确保农业用地占补平衡，保障国家主要农产品基本实现自给，保障国家粮食战略安全，地方政府应该充分利用荒山、荒坡和荒滩，尽可能地增加耕地供应量。新增加的耕地面积，应该优先考虑供应给农民专业合作社、家庭农场等新型农村经营实体，成片租赁，长期租赁，鼓励新型农村经营实体进行土地整治，修建土地附属设施，增加土地投资，并逐步向设施农业发展。

据调查，西昌市政府在安宁河河坝地带，规划了成片的养殖小区。这些地区不适宜农作物生长，属于河谷地带的荒滩，统一规划出租给养殖专业合作社建立养殖小区，缓解了农民专业合作社租地贵、找地难等问题。这些做法具有普遍意义，经验值得推广。

第三，完善农村土地流转市场，降低土地流转成本。

新制度经济学派认为，达成任何一项交易都是有成本的。所谓交易成本可以看成围绕交易契约所产生的成本。根据制度经济学家科斯等人的观点，一类交易成本产生于签约时双方面临的偶然因素所带来的损失。这些偶然因素或者是由于事先不可能被预见到而未写入契约，或者虽然能被预见到，但由于因素太多而无法写进契约。另一类交易成本是签订契约，以及监督和执行契约所花费的成本。在农民专业合作社建立标准化养殖小区或者建立种植基地过程中，需要集中连片大量的土地，这就需要和农户谈判以租赁他们手中的土地。试想合作社要和"汪洋大海"一般的小农户一家一家地去谈判价格、签订合同、流转土地，这个成本是多么的高昂，以至于这样的谈判根本无法进行下去。据调查，合作社理事长普遍反映和农民难以打交道，也就说难以和农民达成某项协议。

为了节约合作社土地流转成本，建议进一步完善土地流转市场，降低土地流转成本。建议由地方政府和村两委出面牵头，在坚持自愿原则的前提下，引导农民将手中闲置的土地信息收集起来，并且尽可能地做到集中连片，完成土地整理等前期工作，然后在土地流转市场公开拍卖土地使用权；与此同时，统一规范土地流转合同，明确合作社与农户双方的权利和义务，确保双方利益都不受到损失，调动双方参与交易的积极性，从而活跃农村土地流转市场。

6.3 劳动力素质不高，新型农民群体难以形成

6.3.1 问题描述

农民或者说农业劳动力是农民专业合作社的主体，也是农业生产活动中最活跃的生产要素。培育新型农民是社会主义新农村建设的重要基础，也是农民专业合作社发展的重要基础。温家宝同志曾明确指出，我国农村全面建设小康社会根本在于提高农民素质。然而，在我国农业生产领域的比较效益长期偏

低，农业劳动日工价远远低于城市务工工价，导致农村青壮年农业劳动力大量转移到城镇第二、三产业就业，广大农村只留下"386199"部队①。以凉山州为例，农民专业合作社理事长的平均年龄为 45 岁，受教育平均年限为 9 年，共产党员比重仅为 40%。在调研中，几乎没有看到青年人领办合作社的情况，大学生以及大学生村官领办、参与合作社的案例也十分少见。

6.3.2　对策建议

农民专业合作社管理人员以及社员劳动力素质不高，缺乏合作社传统，是"高合作成本与低合作收益悖论"的重要原因之一。为了培养"有文化、懂技术、会经营"的新型农民群体，形成合作社发展的中坚力量，课题组提出三点建议。

第一，加大合作社理事长等管理人员的培训，提高现有在岗农民的素质。

管理学理论认为，人力资源是经济组织发展的第一资源。对于市场经济条件下的农民专业合作社来说，更是如此。传统的农民是农夫，农夫与自然经济相契合，日出而作，日没而息。生产的产品主要用于自己消费，是一种典型的自然产品经济。在计划经济条件下，昔日的农夫变成了集体经济式生产队成员乃至公社社员，然而，他们的劳动产品依然不是商品，是计划产品，所谓卖公粮，交余粮，剩下的分口粮。这个时期的农民依然是一个农夫，从自然产品经济转变为计划产品经济，这样从个体农夫转变为集体农夫。而在市场经济条件下，农民已经成为独立的市场主体，农民生产的农产品主要是用于市场交换，也就是说，农民已经转变为农商，这是一个新的范畴，它是现代农民的经济学意义表述。农商反映了一个新的经济关系，一个以通过市场配置资源，以需求指导农业生产又以新产品引导市场，并以商业活动为舞台的新生产者。这几年，农经学界提出"新型农民"的概念，它就是有文化、懂技术、会经营的农民，从经济学角度看，新型农民就是"农商"。

如何实现由传统农民向现代农商的转变，这就需要学习和培训。根据农业部的要求，将合作社人才培养纳入《国家中长期人才发展规划纲要（2010—2020）》，从 2011 年起组织实施现代农业人才支撑计划，每年培养 1500 名合作社带头人。继续把农民专业合作社人才培训纳入"阳光工程"，重点培训合作社带头人、财会人员和基层合作社辅导员。

为此，课题组建议针对农民专业合作社管理人员进行业务提高培训，重点

---

① "386199"部队，"38"是指妇女，"61"是指儿童，"99"是指老人。

内容应包括：国家有关农民专业合作社扶持政策培训，农民专业合作社涉农项目申报，农民专业合作社"三品一标"认证以及农产品市场推广，农业专业合作社财务会计知识，等等。可以采取集中学习的形式，也可以采取网络培训模式，并颁发相应的培训结业证书。据调查，西昌市、会东县等县市均对农民专业合作社的理事长开展专题培训，学员普遍反映效果良好。这样的培训具有针对性，开阔视野，增长知识。不仅如此，合作社的管理人员齐集一堂，共同交流，分享经验，也是学习提高的重要形式。

第二，鼓励大学生领办农民专业合作社，培养农民专业合作社的新生力量。

国家对农民专业合作社发展予以高度重视，目前已出台了一系列扶持政策措施，其中人才支持政策是重要内容之一。国家农业部鼓励引导农村青年、大学生村官参与、领办合作社。

为了进一步提高农民专业合作社社员素质，特别是管理人员的素质，建议要积极引导大学生，最好是涉农专业大学生到农村基层领办、参与农民专业合作社，从而为农民专业合作社的发展提供智力支持。据调查，农民专业合作社管理人员大多文化素质不高，不会使用现代化的办公设备，而涉农项目的申报，无公害农产品、绿色食品、有机食品等农产品认证工作都需要报送大量的文字材料，仅仅依靠农民现有的力量是无法完成的。而广大涉农专业大学生的参与，将大大改善农民专业合作社管理人员的素质结构。

第三，在涉农专业的职业教育和高等教育人才培养方案中，增加合作经济课程，为农民专业合作社培养后备力量。

课题组在会东县的调查过程中，了解到很多养殖基地、种植基地、家庭农场的负责人根本没有听说过农民专业合作社为何物；与此同时，课题组专门挑选了西昌学院经济与管理学院"农村区域发展""行政管理"等专业的本科学生参与调研，这些学生也是第一次知道合作社的相关内容。为此，课题组建议，在涉农专业的职业技术教育、高等教育、成人教育的人才培养方案中，增加合作经济相关课程；重点讲授合作经济的发展历程，合作经济的作用和贡献，合作经济与农业现代化道路的关系，合作社的发起和组织，合作社的运行管理等内容。

据了解，在全国已经出现了专门培养合作社人才的学校——青岛农业大学合作社学院。该学院成立于 2008 年，是我国第一个专门培养合作社高级人才的专业教学单位。该学院旨在加强农民专业合作社的理论研究和人才培养工作，开展合作社教学、合作社培训、合作社科研与合作社国际合作交流工作。

显然，在全国仅仅依靠一两所院校专门培养合作社人才的力量是非常有限的，还需要广大涉农专业院校和师生的共同努力。

6.4　农业技术缺乏，科技兴农任重道远

6.4.1　问题描述

科技是第一生产力。在农业生产领域，培育一个新品种，创新一项新技术，完全可能带动一项新产业，富裕一方老百姓。课题组在调研中发现，凡是依靠科技创新，培育了新品种的农民专业合作社，生存和发展的状况都十分看好。比如，西昌市幸坤石榴种植专业合作社开发了石榴新品种——"西昌1号"软籽石榴，西昌市马道水禽养殖专业合作社、西昌市安宁韭黄种植专业合作社等合作社都培育或者改良了农业新品种，或者掌握了生产环节的核心技术，从而使合作社形成自己拳头产品，在市场上具有核心竞争力。

然而，接受调查的绝大多数农民专业合作社，难以在技术上实现新突破，甚至没有在技术上投入过多的力量。这些合作社以种植大路蔬菜、水果为主，或者养殖商品猪、商品鸭等，没有找到自己的主导业务，在市场竞争中也缺乏竞争力。最终导致合作社缺乏凝聚力，成员之间利益联结机制松散，社员参与合作社的积极性不高，部分合作社走向解散或者名存实亡。

6.4.2　对策建议

第一，深入推进"农校合作"，促进学校和农民专业合作社深度融合。

建议高等院校在农民专业合作社建立教学实践基地。在我国台湾地区，涉农院校专业的学生在毕业前必须要安排一个暑假到合作社农户家中进行社会实践，这项活动获得了双赢局面：第一，实习学生通过开展技术服务，指导农户生产，比如如何科学地给奶牛挤奶，如何作疾病防御，如何修建枝条，等等。通过实习学生的示范、宣传，学校的最新技术可以传递到广大农户手中，最终合作社也获得了高等学校大学生提供的智力支持。第二，在校学生也通过深入基层，将所学的理论知识投入实践，增强了学生的实践技能，同时也能够培养学生的合作社传统。第三，作为教学和科研单位的高等学院，也可以直接了解到农业生产一线的实际需要，为学校的教学改革和科技攻关明确方向，为服务地方经济社会发展打下坚实的基础。

建议完善合作社所生产的农产品供应学校食堂的体制机制。合作社是独立

的法人实体，农产品的生产规模大，供应能力强，要让农民专业合作社参与学校食堂原材料采购招投标会议，让合作社与学校形成稳定的利益链条。

第二，深入推进"农所合作"，为合作社发展插上科技腾飞的翅膀。

推进各级农业科研机构与农民专业合作社合作。《四川省人民政府关于支持和促进农民专业合作社发展的意见》中指出，围绕科技兴农积极推广农业新技术、新品种，帮助农民专业合作社发展现代农业，提高农产品附加值是政府扶持农民专业合作社发展的重点。

首先，农业科研院所可以考虑将科技实验田选址在农民专业合作社的经营田中间，为农民专业合作社培育新品种或者进行品种改良；其次，《中央财政农民专业合作社发展资金管理办法》第五条第一款明确提出，引进新品种和推广新技术是合作组织发展资金重点支持范围，为此，农民专业合作社可以与农业科研机构合作申报"引进新品种和推广新技术"[①] 等涉农项目，获得财政资金的扶持。

6.5　合作社组织松散，部分合作社名存实亡

6.5.1　问题描述

截止到 2013 年 6 月底，全凉山州登记注册的农民专业合作社有 1031 家，其中以西昌市为例，截止到 2013 年 6 月底，登记注册的合作社有 178 家。经过几年时间的发展，合作社在数量上急剧膨胀以后，将逐步走向内涵式发展阶段。以美国为例，其国内的合作社也经历了一个数量上高速增长，到最后逐步整合，做优做强的发展过程，如表 6-1 所示。据统计，截止到 2011 年，美国共有 220 万个农场，比上一年减少 1 万，农业合作社有 2285 个，比上一年减少 29 个。尽管合作社在绝对数量上不断减少，但是在经营业绩上却不断提高。美国农业合作社 2011 年税前净收入达 54 亿美元，比 2010 年增加 25% 以上，达历史最高水平。数据还显示，美国前 100 大农业合作社在 2011 年营收达 1480 亿美元，比上一年增加近 30%，实现利润 31.7 亿美元，比上一年增加 34.9%，二者均刷新历史纪录。[②] 对比国际经验事实，凉山州的农民专业合作

---

① 参见《中央财政农民专业合作社发展资金管理办法》(2013)。

② 王宗凯，阳建. 美国农业合作社 2011 年净收入创历史新高 [EB/OL]. [2012-10-3]. http://news. xinhuanet. com/2012-10/03/c_ 123785436. htm.

社也必然要经历一个市场洗礼的过程。

表6-1　　　历史时期美国农业合作社发展情况一览表①

年份	合作社数目	成员人数（千人）	总营业额（百万美元）
1915	5424	651.2	635.8
1925—1926	10 803	2700	2400
1935—1936	10 500	3600	1840
1945—1946	10 150	5010	6070
1955—1956	9894	7731.7	12 702
1965—1966	8329	6826.3	20 619
1975—1976	7535	5906.4	55 811.1
1985	5625	4783.3	85 096.5
1995	4006	3767.3	112 194.7
2002	3140	2793.6	111 552.6

凉山州的部分合作社利益联结机制松散，名存实亡。在课题组的调研过程中，发现有一部分合作社已经解散，有的合作社已经停止开办活动，还有的合作社利益联结机制松散，社员参与合作社的积极性不高。据调查，有一部分合作社自成立一开始就定位不准确，或者是冲着国家扶持项目资金去的，没有形成自己的主导产业，缺乏拳头产品，在市场上没有竞争力，这样的合作社最后只能解散或者名存实亡，这是市场经济自然选择的结果。

专业大户、家庭农场登记注册为农民专业合作社现象也在一定范围内存在。据调查，还有一部分合作社，他们本质上是经营大户，或者可以称作家庭农场更合适一些，但却注册为农民专业合作社，这些机构不具备合作社的基本特征②。

---

① USDA. Faun Marketing, Supply and Service Cooperative Historical Statistics ［EB /0L］. ［2006-07-18］. http://www.rurdev.usda.gov/rbs/pub/cirls26.pdf.

② 农民专业合作社的基本特征有：①在组织构成上，合作社以农民作为经济主体，主要由进行同类农产品生产、销售等环节的公民、企业、事业单位联合而成，农民至少占成员总人数的百分之八十，从而构建了新的组织形式；②在所有制结构上，合作社在不改变家庭承包经营的基础上，实现了劳动和资本的联合，从而形成了新的所有制结构；③在收益分配上，合作社对内部成员不以盈利为目的，将利润返还给成员，从而形成了新的收益分配制度；④在管理机制上，合作社实行入社自愿，退社自由，民主选举，民主决策等原则，建构了新的经营管理体制。

6.5.2 对策建议

第一，鼓励合作社走特色化、品牌化、市场化道路，增强合作社自生能力。

根据新制度经济学理论，同一笔交易，既可以通过市场的组织形式来进行，也可以通过企业的组织形式来进行。企业组织之所以存在，或者说，企业和市场之所以同时并存，是因为有的交易在企业内部进行成本更低，而有的交易在市场进行成本更低。农民专业合作社也是一种特殊的企业组织形式，农户社员之所以选择加入合作社，是由于通过合作社内部进行交易的成本低于直接通过市场进行交易的成本，用通俗的话说，就是加入合作社要有利可图。同理，如果社员发现通过合作社内部进行交易的成本等于或者高于直接通过市场进行交易的成本时，合作社社员就没有参与农民专业合作社的积极性，甚至会选择退出专业合作社，或者选择重新组建运作效率更高、交易费用更低的农民专业合作社。为此，针对目前存在的一些合作社组织松散，以及部分名存实亡的合作社，该清算解散的就及时解散，该清算重组的要及时实现重组，遵循市场经济自然选择的结果。而不能够仅仅为了追求合作社数量，进行行政干预。

正确的做法应该是鼓励合作社走特色化、品牌化、市场化道路，增强合作社自生能力。一个合作社吸引社员的地方就在于能够为社员创造价值，合作社要做到这一点，合作社的领导人就必须选择具有市场潜力的产业项目，生产具有市场竞争力的拳头产品，提高合作社内部的管理效率，增强合作社的自生能力。

第二，加强合作社的登记和管理，及时清理"空壳社""挂牌社""翻拍社"。

《四川省人民政府关于支持和促进农民专业合作社发展的意见》（2008）的规定："凡符合登记条件的，工商行政管理部门应简化登记程序，免收登记费用，为农民专业合作社登记提供便捷高效的服务。"因此，许多农户纷纷注册农民专业合作社，而合作社的实际业务活动开展得并不好。另外，中央文件有关"家庭农场"的表述也是2013年才正式提出的，相关农户并不了解，但他们为了急于获得法人地位，获得国家相关扶持政策，也纷纷注册为农民专业合作社。针对这些情况，建议在登记农民专业合作社的过程中应该向农民解释专业合作社与家庭农场、经营大户之间的区别与联系。如果登记有误，也可以事后进行变更，避免张冠李戴。

第三，要求合作社注册登记以后，应按时参加年检。

如果过时不参加年检的农民专业合作社，将自动注销登记，也不得再以该合作社的名义享受国家相关扶持政策。相关统计部门应该以实际登记并参加年检的合作社作为统计对象，以免出现错误登记的情况。

6.6　产品缺乏销售平台，市场推广难度大

6.6.1　问题描述

目前国内果蔬市场流通环节过多，流通费用居高不下，"卖菜难"与"买菜贵"的问题长期并存。农民专业合作社在帮助社员销售产品的过程中，也经常遭遇产品"难卖"的问题。根据"西昌市金竹蔬菜种销专业合作社"理事长反映，该合作社生产海椒、茄子、莴苣等大路蔬菜，在销售蔬菜的过程中摊位费用很高。在西昌市长安菜市场，一个蔬菜摊位一年要交 10 000 元租金，其他几个菜市场的销售摊点也在 5000 元到 10 000 元不等。笔者在月华乡新华油桃专业合作社调研中了解到，当地社员每年油桃上市相对集中，长期以来，合作社社员一直延续了"马路"市场的交易方式。每年到油桃成熟了，合作社社员将各家的油桃堆放在 108 国道两边，一字摆开，形成一座一座的小山，等待合作社联系的外地老板驱车来收购。收购秩序比较混乱，当地农户也缺乏定价权。

6.6.2　对策建议

第一，建立农民专业合作社产品总汇交易平台，解决农产品"卖难"问题。

为了解决合作社产品卖难问题，可以在中心城镇人口集中区域建立农民专业合作社农产品总汇市场。该市场划分为生鲜部和加工品部两个部分，其中生鲜部主要销售各专业合作社生产的素菜、水果、肉、蛋、禽、奶等农产品，加工品部分主要销售合作社自己生产并加工的酒、蜂糖等合作社的加工品。据调查，在会东县，由农业局、林业局发起，成立了会东县农民专业合作社产品销售总汇门市，该组织由各合作社参与成立合作社联社，由其中的一家合作社全面负责该组织的日常经营管理，并且为每一家合作社划定固定的成列柜和陈列架，并悬挂本合作社的展板等标示，其他合作社将本社的农产品和加工品放入对应的位置。产品实行定价销售，由各合作社自行定价；商品管理实行定期盘存，定期结算，所得盈余在提取公益金和公积金以后，实行"二次返利"的

分配方式。课题组认为这一做法具有普遍意义，可以在其他县市借鉴和推广。

第二，规划建立凉山农产品集散中心，实施凉山农产品"走出去"战略。

凉山光热丰富，雨量充沛，立体气候特征明显，农业和生物资源极具特色，被誉为各类动植物的"基因库"。安宁河谷是四川省第二大平原，素有"川南粮仓"美誉，是国家和省农业综合开发的重点地区。土地、气候、物种所形成的"黄金组合"，使这里的粮食作物和经济作物单产高、质量优。然而，笔者在调查过程中了解到，当前凉山农业发展面临诸多制约因素，相对滞后的市场建设便是瓶颈之一。目前凉山地区没有一家上规模、上档次的大型农产品交易市场。要促进农业现代化发展，除了农业机械化、农产品优质化等因素以外，成熟规范的市场建设尤为重要。在课题组看来，在全州范围内，选择重要的农产品集散地建立二至三家辐射全州的大型统一农产品交易市场势在必行。比如可以选择规划建设水果交易市场、蔬菜交易市场、肉蛋禽奶交易市场、农产品加工品交易市场等，配套建立冷链物流设施，比如冻库、冷藏车等装备，为凉山农民专业合作社生产的农产品降低交易成本，提供交易平台，实施"走出去"战略，建立稳定可靠的销售渠道。

第三，引导凉山州农民专业合作社开展"三品一标"认证。

"十二五"期间，国家农业部提出：要大力发展农产品认证。继续推进无公害农产品、绿色食品、有机农产品及地理标志农产品"三品一标"发展，大力扶持和引导农民专业合作社开展"三品一标"认证，通过认证不断提高内部管理水平，提高市场开拓和竞争能力，实现优质优价，用品牌化带动标准化；加大认证审核和证后监管工作力度，不断提高"三品一标"的公信力和品牌形象。为此，建议凉山州农业局、州农办等部门牵头，各县农业局、县农办承办，开展农民专业合作社"三品一标"认证知识专题培训，让生产绿色、健康、安全农产品的理念深入人心，提高农民专业合作社农产品的附加值，增强合作社产品的市场竞争力。

第四，鼓励合作社延伸产业链，获得增值收益。

据调查，大多数农民专业合作社以销售原材料形式的农产品为主，产业链条短，产品附加值低，农民增收有限；不仅如此，一旦产品集中上市，容易导致相关农产品价格跌破成本价，出现"烂市"现象。

如何才能延长产业链条呢？首先，可由合作社牵头建立食品加工厂。这有两个好处：其一是延长了农业生产的利益链，可以让合作社分享加工销售环节产生的增值收益；其二，一旦农产品销售市场出现过剩，合作社以成本价敞开收购社员产品，加工成成品再销售，提高了农产品的加工率和商品化水平。据调查，西昌市北门食用菌种植专业合作社就是通过这一方式延伸产业链条，保障了合作社社员利益。

其次，建立休闲农业综合体，延长农业生产产业链。在交通便利、距离中心城镇较近的地方建立集餐饮、娱乐、住宿、购物以及体验农业于一体的休闲农业综合体。农民专业合作社建立的休闲农业综合体，可以满足城市居民周末和节假日外出度假、娱乐、购买农产品以及体验"家庭农场"乐趣。据调查，会东县兴龙梅花鹿养殖专业合作社正在尝试建立休闲农业发展模式，该合作社紧邻会东县城，实现了"梅花鹿养殖+生态餐饮+农业加工品销售"一体化的运作模式。养蜂工人在养殖场内利用闲暇时间收割牧草喂养梅花鹿，利用梅花鹿粪便产生沼气做燃料，沼渣用于肥土种植牧草；农场内种植的粮食用于酿成白酒，酒糟喂养梅花鹿，白酒进一步加工成鹿茸酒等产品在合作社门市销售；合作社内养殖的梅花鹿、野猪等又为生态餐饮提供了原材料。这些做法在一定程度上延伸了合作社的产业链条，增加了合作社的收益。

6.7 农业保险体系缺失，面临"自然+市场"双重风险威胁

6.7.1 问题描述

农业属于弱质产业，受到自然和市场双重风险的威胁，使农业成为了高风险低回报的行业之一。世界各国都对农业进行财政补贴，这已经成为世界各国通行的做法，只要在WTO"黄箱政策""绿箱政策"等政策框架之内，都应当积极支持。在调查中发现，凉山农民专业合作社在农业生产经营过程中，常常受到"自然+市场"双重风险的威胁。比如"西昌市川兴双季葡萄水果专业合作社""西昌市三友种植农民专业合作社"等葡萄种植合作社，几乎每年都要面临洪水的威胁。合作社的葡萄园靠近河边，地势较低，一旦发洪水，葡萄园就成了汪洋，而葡萄遭受水淹以后，将影响挂果甚至死亡，给合作社带来巨大的经济损失。"西昌市马道镇水产养殖专业合作社"是一家以商品鸭养殖和种鸭蛋孵化为主要业务的合作社，在2012年，受到禽流感的影响，商品鸭和鸭苗价格一落千丈，导致经济损失近400万元，合作社元气大伤。然而，由于农业保险体系缺失，这些专业合作社的损失主要由合作社及其社员来承担。

6.7.2　对策建议

农业保险是市场经济国家扶持农业发展的通行做法。通过政策性农业保险，可以在世贸组织规则允许的范围内，代替直接补贴，对我国农业实施合理有效的保护，减轻加入世贸组织带来的冲击，减少自然灾害对农业生产的影响，稳定农民收入，促进农业和农村经济的发展。

为了减少受灾合作社因灾解散，受灾农户因灾返贫等问题，首先，要加大农业保险宣传力度，针对合作社理事长开展农业保险专题培训，让合作社管理者了解农业保险，并学会运用农业保险来降低风险。其次，对重点农产品进行统保。例如，全国范围内对小麦、水稻、棉花、生猪、奶牛等战略性农产品资源进行统保，凉山州可以在烤烟、林木、茶叶、蔬菜、水产养殖等优势特色产业上开展统保试点。

第二部分　典型案例及评析

7 种植业农民专业合作社

7.1 西昌市幸坤石榴种植专业合作社

调研时间：2013 年 8 月 24 日
调研地点：西昌市黄联关镇大德村
调研人员：张千友、蒋天伟
被访人员：幸成明（中国农业银行退休干部）

7.1.1 基本情况

西昌市幸坤石榴种植专业合作社成立于 2012 年 11 月，现有社员 51 户，联系农户（带动农户）1200 余户，主要经营产业为软籽石榴的种植与销售。该合作社当初由石榴种植大户发起组建，采取果园入股等形式筹集资金，注册资金达到 1000 万元。

合作社建立了完善的内部管理制度。合作社理事会由 7 人组成，都是生产经营大户，其中理事长和副理事长石榴种植规模都在 100 亩以上。因此，理事会成员主要依靠销售各自生产的产品获得收入，并不在合作社领取工资。合作社按照《农民专业合作社法》规定设置监事会，每一年召开社员大会 10 余次，监事会议 20 余次，每一个月定期公开财务信息。遇到需要通过投票来进行事务决策时，一律采取"一人一票"的投票方式。比如在合作社章程的修订、理事长以及理事会成员的选举和罢免、监事会成员的选举、合作社经理的聘任、合作社盈余的分配等重大事项的决策上都采用"一人一票"的方式进行决策。

7.1.2 利润分配方式

该合作社利润分配方案由社员代表大会审议通过，目前合作社分配收益的

方式主要有以下几种:

第一,向社员以成本价提供农资。这主要体现在由合作社组织技术人员改良和培育出新的石榴品种,并向合作社社员提供嫁接枝条和技术服务,合作社仅仅按照成本价格适当收取少量费用,并没有核算技术研发、新品种培育等前期投入的大量费用。

第二,按照市场价格收购社员产品,然后分配盈余。因为石榴属于水果类农产品,具有普通农产品的一般特点,收获时间短,需要集中采摘上市。如果合作社收购价格过高,将垫付大量资金,市场风险也比较大;如果收购价格偏低,社员交售的积极性不高,容易导致大面积农户自主销售。因此,合作社采取随行就市的办法,按照市场价格敞开收购社员的产品,由合作社负责组织产品包装和销售。据调查,目前,该合作社社员的产品中有80%以上的产品是通过合作社销售的,合作社与农户之间签订书面的购销合同。合作社在销售产品、获得收益以后,按照社员的交易量进行核算,根据社员与合作社之间的交易量(额)返还利润,即进行"二次返利"。

第三,合作社社员获得免费的技术服务和品牌使用。合作社为普及社员石榴种植技术,组织技术人员编写《石榴种植技术》一书,免费发放到社员手中。不仅如此,合作社还为社员提供"西昌1号"石榴良种嫁接枝条,以及枝条嫁接技术培训示范。

7.1.3 新品种培育

西昌市幸坤石榴种植专业合作社的技术人员充分利用自己经营的石榴基地,经过10余年的努力,成功培育出具有自主知识产权的"西昌1号"和"西昌2号"两个软籽石榴品种,大大地提高了合作社石榴产品的附加值,提升了合作社发展现代农业的信心和决心,增强了合作社成员的凝聚力。目前合作社设置专业技术人员对成员生产过程和产品质量予以监管,合作社生产的石榴已经拥有了自己的品牌并且取得了国家绿色食品认证。

7.1.3.1 "西昌1号"软籽石榴

早在1998年,"西昌1号"软籽石榴研究团队就从攀枝花大田镇的石榴品种园[1]引进了一批石榴扦插苗,在2005年,科研团队从这批扦插苗中发现一株籽粒大、核特软、风味佳的优良单株。通过2005年至2008年的连续观察,并且于2010年在黄联关镇大德村高枝换头,2011年和2012年观察其遗传性状

---

① 该石榴品种园由四川省农科院建立。

十分稳定。在凉山州亚热带作物研究所、西昌市农业局的帮助下，西昌市幸坤石榴种植专业合作社在 2009 到 2013 年四年间，将"西昌 1 号"软籽石榴已经发展到 60 亩，并且建立了母本园、采穗园。合作社坚信该品种将成为未来攀西地区精品石榴的主要栽培品种之一。

"西昌 1 号"软籽石榴树势强健，成枝力强。在西昌每年 2 月 10 日左右发芽，3 月 20 日左右开花，4 月 5 日至 10 日坐果，成熟期 120 天左右，属早熟品种。皮色红，花鲜红色，花蕾橙红色，花比本地石榴和会理石榴的花大，成熟后外观色泽鲜艳，近圆球形，平均单果重 465g，果皮薄，可食率为 54.5% ~ 64.6%，籽粒大，特软，可溶性固形物为 14.5% ~ 16.5%，总糖含量 12.68%，总酸含量 0.176%，维生素 C 含量 6.56mg/100g，氨基酸总量占到 0.28 %。风味佳、品质优，合作社技术人员形容其为"籽粒红黑如玛瑙，特软味甜似无核"。2011 年西昌市石榴节在黄联关镇举行，西昌市委、政府部分领导品尝了该品种，给予其高度评价。2011 年到 2012 年连续 2 年将果品、叶片、新梢送四川省农科院进行品质综合鉴定和做 DNA 鉴定，2013 年继续送检。四川省攀西特色水果创新团队、凉山州亚热带作物研究所等机构通过鉴定，一致建议将"西昌 1 号"软籽石榴打造成攀西精品石榴。

目前，合作社将"西昌 1 号"软籽石榴在西昌市黄联关镇大德村进行推广，准备用 3~4 年时间将大德村原品种更换，待品种审定后再进一步大面积推广。

7.1.3.2 "西昌 2 号"软籽石榴

在培育"西昌 1 号"软籽石榴的同时，西昌市幸坤石榴种植专业合作社通过引种的突尼斯软籽石榴，培育出新的石榴品种，取名为"西昌 2 号"软籽石榴。该品种拥有其自身的特色。该品种是 1998 年，中国林业部从突尼斯引进，经过多年培育、选育出的优良品种。在 2009 年，合作社的研究团队从河南河阴石榴基地引种观察，团队成员一致认为该品种也是很有发展前景的品种。果大、粒大、味甜，也是特软，只是成熟期和会理石榴一样，各项指标均优于引种产地，是西昌适栽品种。

7.1.4 案例评析

在《四川省人民政府关于支持和促进农民专业合作社发展的意见》（川府发〔2008〕5 号）中指出，今后合作社发展要突出四大重点，一是围绕农业产业化经营延伸产业链，解决产业链脱节、利益连接关系松散问题，增强农民专业合作社的凝聚力。二是围绕优势农业和特色产品建立优势农业产业带，大力发展名、特、优、新农产品，组织农民开展标准化生产，提高农产品质量，增强农民专业合作社的市场竞争力。三是围绕科技兴农积极推广农业新技术、新品种，帮助农民专业合作社发展现代农业，提高农产品附加值。四是围绕农产品流通完善农产品市场体系，引导农民建立农产品生产销售一体化的农民专业合作社，疏通和扩大农产品销售渠道。各地要采取切实有效的办法和措施加快农民专业合作社的发展，推动"一乡一业，一村一品"产业组织格局的形成，实现"建一个组织，兴一项产业，活一地经济，富一方群众"的目标。[1]

西昌市幸坤石榴种植专业合作社在培育新品种、推广新技术方面，已经走到了前面，取得了较大的成绩。但目前还面临：前期新品种研发投入大，科研经费严重不足；目前种植面积较小，难以形成规模和品牌效益；周边农民持观望态度，产品大面积推广难度大。为此，政府涉农部门应进一步加大支持力度，相关财政项目适当倾斜，加大合作社科研扶持力度，增加经费投入。希望政府以合作社名义，适当补贴"西昌1号""西昌2号"软籽石榴的幼苗以及嫁接的枝条等相关费用，迅速扩大种植面积，将新品种做大做强。

7.2　西昌市白水沟特色种植专业合作社

调研时间：2013 年 8 月 23 日
调研地点：西昌市裕隆乡星宿村 1 组
调研人员：张千友、张桃源
被访人员：赵图华（理事长、村主任）

7.2.1　基本情况

西昌市白水沟特色种植专业合作社成立于 2012 年 8 月，发起组建者是星宿村村委会，理事长为现任村主任赵图华。理事会成员有 5 人，监事会成员有 5 人，合作社现有社员 114 户，其中核心社员 8 户。合作社注册资金为 150 万元，拥有固定资产 80 万元。目前，合作社的经营产业以种植莲藕、椿芽和三角梅为主，莲藕种植面积大约为 120 亩。合作社坚持规划先行，成立之初就完成休闲农业度假村平面图的总体规划设计，并通过社员土地流转，实现了土地

---

[1]　参见《四川省人民政府关于支持和促进农民专业合作社发展的意见》（川府发〔2008〕5号）。

的综合整治，田间主干道路路面全部硬化，还创作了合作社的社歌《锦绣西昌白水沟》，为合作社增添了几分特有的文化气息。

7.2.2　运作模式——生产合作

合作社的突出特点在于坚持家庭承包经营的前提下，实现了劳动、资本、土地和技术等生产资料的有效联合。第一，合作社采取土地入股的方式，将社员手中的土地流转到一起，统一规划，集中整理，以实现规模经济效益。合作社按照 2000 元/亩·年的价格将社员的土地折价入股，每股 2000 元，也就是说，1 亩土地为 1 股。第二，为了将合作社社员剩余劳动力利用起来，合作社还要求社员投工投劳。如果社员参加合作社集体劳动，将按照 2000 元/亩·年的价格全额领取入股的土地流转费用；如果社员外出务工，不参与合作社投工投劳项目，则只能获得 1200 元/亩·年的土地流转费用。在合作社内部实现了劳动的联合，保证一家一户办不了、办不好、办起来不经济的各项事务能够在合作社的组织下顺利完成。第三，实现了资金的联合。合作社不仅通过土地流转，实现了农地适度规模经营，还通过投工投劳的方式，实现了劳动要素的联合。与此同时，合作社还通过按股分红、股东附加表决权（总票数不超过两票）、担任合作社核心职务等方式吸引社员投资，合作社前三名社员累计出资达到 70 余万元，认购股金最少的社员出资 2000 元。合作社理事会成员出资如表 7-1 所示。第四，技术的联合。白水沟专业合作社与其他合作社不同的地方就是它的运行模式，合作社的社员入社可以是资金入股，也可以是土地折价入股，土地按照 2000 元/亩折价，不仅如此，为了调动所有生产要素的积极性，合作社还积极鼓励技术入股。合作社吸收了当地高等院校西昌学院农业科学院的教授等相关技术力量加入合作社，为合作社的园区规划、农作物的栽培等提供了重要的技术支撑。

表 7-1　西昌市白水沟特色种植专业合作社理事会生产经营和出资情况

	理事长	副理事长 1	副理事长 2	理事 3	理事 4
是否生产大户	是	是	是	是	是
是否营销大户	是	是			
出资额（万元）	32	20	18	18	18

目前合作社已经完成了田间道路路面的硬化，农田水利设施建设基本完成，田间莲藕长势良好，呈现出一派生机盎然的景象。

7.2.3　案例评析

发展以特色种植为主的休闲观光农业，是一项极具挑战的朝阳产业。根据我国台湾地区的经验，我国台湾地区（主要是山区）的农业经历了传统农业、山地精致农业、休闲农业三个阶段。早在20世纪60年代末和70年代初，我国台湾地区的第二、三产业快速发展，农业受到竞争和挤压，开始步入明显的停滞和萎缩阶段。针对农业困境，我国台湾地区加快了农业转型，调整农业产业结构，在大力发展农业生产和提升农业生产水平的同时，按照综合发展思路，提倡进一步开发农业的生活、生态功能，使农业从第一产业向第二、三产业延伸，逐步扩大农业经营范围，积极发展包括旅游休闲农业和农业运输业等农业服务业。在20世纪80年代初，我国台湾地区开始推广以观光、休闲、采摘为主要内容的观光农园。台北市率先在木栅推行"观光茶园"计划，标志着正式开始辅导休闲农业。到了20世纪80年代后期，又着力推行"农业+旅游业"性质的休闲农业。1990年我国台湾地区"农委会"设立了《发展休闲农业计划》，从技术、经费、宣传等方面加大了对休闲农业的支持力度。1992年我国台湾地区"农委会"制定了休闲农业区的基本条件，对休闲农业区和休闲农场进行重新界定，并编印指导教材，成立相关团体，此后，我国台湾地区的休闲农业开始蓬勃发展。短短20余年时间，我国台湾地区的农业逐步实现了"种、种观、种观假"[①]的升级，也就是从传统的种植农业到种植加观光农业，再发展到现代的种植加观光加休闲度假的农业结构，使农业的功能进一步得到了拓展。[②]

国内尤其是中西部地区发展休闲农业才刚刚起步，具有很大的发展空间。在距离中心城市较近、交通便利的地区，建立主题突出、特色鲜明、内涵丰富、寓农于教的休闲农业具有广阔的发展前景。西昌市白水沟特色种植专业合作社正是凉山都市休闲农业的先行者，需要借鉴和学习我国台湾地区休闲农业的成熟经验[③]，尤其是目前合作社资金缺乏，主导产业还不够突出，应加大招

---

① "种、种观、种观假"：种是指种植，观是指观赏，假是指假期。
② 陈廷源，曾广南，瞿丽红. 台湾休闲农业考察报告 [EB/OL]. [2011-11-17]. http://hiagri. gov. cn/Html/2011_ 11_ 17/96115_ 104098_ 2011_ 11_ 17_ 111612. html.
③ 我国台湾地区依托农业发展起来的农业观光旅游与乡村休闲产业的范围相当广泛，内容十分丰富，不仅有上规模的农耕田园、渔业风情、森林旅游、乡野畜牧活动内容，还有别具特色的农耕教育、生态保育、民宿体验、乡土民俗等休闲活动项目。历经多年的发展和完善，我国台湾地区的休闲观光农业呈现出了多元化发展的景象，主要有乡村花园、农家民宿、观光农园、休闲农场和牧场以及市民农园、教育农园等几种类型。其中休闲农场是最为主要也是最具代表性的类型。转引自：陈廷源，曾广南，瞿丽红. 台湾休闲农业考察报告 [EB/OL]. [2011-11-17]. http://hiagri. gov. cn/Html/2011_ 11_ 17/96115_ 104098_ 2011_ 11_ 17_ 111612. html.

商引资力度，引进社会资金项目，进一步健全相关配套设施，进一步完善和丰富合作社休闲农业的内涵。

休闲农场经营是一个系统过程，需要各个环节的统筹把握，要借鉴我国台湾地区的休闲农场经营经验，合作社在经营休闲农场时就要注意把握好以下几个问题：一是要有科学合理的规划。经营休闲农场不能盲目扩张，要有科学规划和战略目标，稳健安排投资，才能保证可持续发展。白水沟特色种植专业合作社坚持规划先行，已经完成了初步规划，下一步要做的工作是对初步规划进行反复论证，找准合作社休闲农业观光园的市场定位和区域特色，做好顶层设计。二是要有产业支撑。没有产业支撑，没有形成产业链，就没有长久的生命力，经营就难以为继。合作社目前已经开始实施莲藕、椿芽、大叶香樟等品种的规模种植，但是这些作物与市民观光休闲需求匹配度偏低，距离"来得了、留得下、稳得住"的都市休闲农业发展目标还存在一定的差距。三是要体现"农"字。经营休闲农场务必要以"农"为根本，单靠"休闲"，没有"农业"，休闲农业做不起来；合作社可以尝试播种、田间管理、收割等比较简单容易操作的农业项目，让市民体会到农业劳作的乐趣。拿种植萝卜来说，合作社在播种季节，可以吸引市民前来体验耕地、播种活动；在萝卜生长期间还可以引导市民参与田间管理，看到萝卜一天天长大，感受成长的快乐；在萝卜收获期，引导市民前来"拔萝卜"。这些活动对于家里有小孩的市民尤其具有吸引力。四是要有特色。经营休闲农场一定要有特色、亮点或创意，否则，难以在竞争激烈的市场中生存。合作社要将农时、市民的节假日、学生寒暑假期充分整合起来，一年四季开发不同的涉农特色项目。五是要有好的经营模式。确定好的经营模式，可以使合作社休闲农场少走弯路，少碰壁，可以更好地发挥经济效益。六是要考虑交通区位。休闲农场最好离城市车程不超过半小时为宜，去也方便回也及时，方便游客。据了解，西昌市政府正在规划出一条公路隧道，而如果星宿村对面的这条隧道打开了的话，那么从西昌市区到星宿村就只有 30~40 分钟的车程。由此可见，将星宿村打造成为一个旅游度假村是很有前景的。

7.3　西昌市冬阳草莓专业合作社

调研时间：2013 年 8 月 8 日
调研地点：新胜乡花庄村 12 组

调研人员：张千友、张桃源

被访人员：孙国春（理事长、乡政府退休农技员）

7.3.1 基本情况

西昌市冬阳草莓专业合作社成立于 2008 年 12 月，由乡政府以及村委会等地方政府部门发起。合作社以草莓的种植和销售为主要经营业务。2013 年，合作社社员发展到 55 户，带动周边农户 300 余户。合作社社员每年种植草莓的面积一般保持在 200 亩左右，合作社注册资金为 5 万元，销售草莓的收入在 400 万元左右，再加上农家乐等旅游收入，合作社社员获得的实际收入要高得多①。合作社社员平均每户种植的草莓在 3 亩左右，种植规模较大的有 10 余亩。目前，合作社已经获得"四川省示范社"称号②，正在积极组织申报绿色食品和有机食品认证。

合作社的理事长是被称为"西昌草莓第一人"的老农技干部孙国春，他是 20 世纪 80 年代凉山引进草莓时西昌的首批试种者之一，懂技术，会经营，熟悉草莓的栽培、育种、品种改良等农业生产活动。正是在他的带领下，兴胜乡开始组织成立合作社——"西昌市冬阳草莓专业合作社"。

7.3.2 严格控制产品质量

"民以食为天，食以安为先。"西昌市冬阳草莓专业合作社严格控制合作社的产品质量安全。由于草莓不用去皮，甚至不用清洗，属于入口即食的水果，对食品安全的要求要高于苹果、桃、梨等水果品种。为此，在全合作社中，食品安全的观念深入人心。为了加强合作社的内部监督，合作社对社员种植的草莓采取不定时间、不定地块的随机抽查农残情况。为了保证生产出无公害的绿色草莓，合作社还专门邀请市州的农技专家以及西昌学院的农学教授对合作社社员展开专业技术培训。合作社一旦发现有社员违规使用农药和化肥，社员将受到严厉惩罚。据合作社理事长介绍，草莓合作社 55 户成员严格按照无公害标准施肥生产，实现规范化管理，并向消费者公开承诺，对合作社装箱

---

① 根据 2012 年从西昌市兴胜乡获悉：中国·西昌第四届草莓节共接待游客 5.3 万人次，实现旅游收入 120 多万元，加上草莓的销售收入，共创收 4000 多万元，达到了丰富西昌冬季阳光之旅、宣传兴胜和发展兴胜的目标。转引自：苏勇. 兴胜草莓节 创收 4000 多万元 [N]. 凉山日报，2012-05-18.

② 西昌市冬阳草莓专业合作社于 2011 年 9 月，获得"四川省委农村工作领导小组省级示范农民专业合作经济组织"称号。转引自：何洋，苏勇. 我州 13 家"农专合"获省级示范称号 [N]. 凉山日报，2011-09-30.

销售的精品草莓如出现混装、短斤少两等情况，由合作社按三倍价值赔偿。优质加诚信，令消费者放心，从而打出了"兴胜精品草莓"的品牌。①

7.3.3 将农业向第二、三产业延伸

第一，树立品牌，塑造形象，延伸产业链。在西昌市供销社等部门的大力支持下，成长起来的西昌冬阳草莓专业合作社，在 2010 年 3 月接受了四川省农业厅、攀枝花农产品检测中心、攀枝花商监局等部门的抽样检测，所生产的草莓达到出口基地的要求，冬阳草莓合作社与冬田食品有限公司合作，把全乡无公害草莓生产基地建设成为一个无公害出口基地，进一步提升了草莓基地的地位和品牌。同时冬阳草莓专业合作社还注重旅游产品的开发，提升包装档次，开发了草莓盆景、草莓竹篮、草莓盒、草莓手机链、草莓钥匙扣、草莓车挂等旅游产品，深受远道而来的游客所喜爱，并加大对外市场的衔接，多方开发外地市场，立足国内市场，依托农业出口公司开发国外市场。

第二，在地方政府以及合作社的协调下，引进重点龙头企业"四川三龙绿色产业开发有限公司"，在兴胜乡建了百亩优品种繁苗基地，建立优良品种示范园，起到了示范带动作用。2013 年还将建立"公司+合作社+农户"的生产基地，由公司统一提供生产苗，统一指导生产技术，统一按级收购，统一包装，并签订生产收购合同，逐年扩大生产规模，力争在 3~5 年内，让兴胜乡草莓品种、面积和品牌再上新台阶。

第三，举办草莓采摘节。在地方政府的大力支持下，合作社积极参与举办草莓采摘节，采取"合作社+基地+农户+公司"的模式，引进新品种、新技术，规范化种植，加大基础设施改造和建设，提升农家乐档次，加大宣传力度，加强对外营销。乡村旅游为全乡的经济和社会事业发展注入了无穷活力，合作社成员从中真正得到了实惠。

第四，引导社员开办农家乐。以合作社理事长孙国春为例，他家的草莓几乎全部免费请客人品尝，他经营的"东篱竹园草莓休闲庄"，春节期间每天接待几十上百名客人，"来休闲庄消费的客人也是我家的客人，我就用草莓招待他们"。东篱竹园除以新鲜草莓款待客人外，还特别配制了"草莓炖牛肉""草莓飞饼""草莓银蛋""草莓金虾"等特色菜品，还有润肺生津的"草莓酒"，深受客人欢迎。

---

① 高机敏，周静. 兴胜草莓：甜了游客 富了村民 [EB/OL]. [2009-02-20]. http://www.ls666.com/channel/travel/2009-02/20090220_ Amusement_ 36520. html.

7.3.4 案例评析

传统农业由于生产周期长，地域空间高度分散，农业生产资金周转速度慢，再加上来自市场和自然的两大风险，因此比较效益偏低，属于弱质产业。为了在激烈的市场竞争中获得一席之地，传统农业生产必须延伸产业链条，主动向第二、三产业要效益。

西昌市冬阳草莓专业合作社通过"农户+合作社+公司"的模式，成功将第一产业链条延伸到第二产业，获得了草莓加工增值环节带来的收益。

不仅如此，合作社还采取"合作社+农家乐"的方式，大力发展旅游观光农业，将"吃、住、行、游、购、娱"等旅游业服务项目通过草莓采摘这一主线整合起来，实现了第一产业向第三产业的有效延伸。随着凉山"旅游兴州"战略的深入实施，凉山的旅游经济取得了跨越式发展，"一座春天栖息的城市"已成为西昌的"名片"，西昌正逐步成为省内外游客的旅游目的地。西昌春夏有樱桃、油桃、桃花；夏秋有石榴、葡萄、荷花；唯有冬季无叫得响亮的新鲜花果及其采摘、观赏活动。在春节前后，客人来西昌除品味浓郁的民族风情、秀丽的邛泸山水外，乡村一日游也是不可或缺的休闲游览项目。游客冬春两季到西昌进行阳光之旅是西昌旅游业的一大亮点。兴胜是西昌市的农业大乡，无工业污染，适宜发展观光农业，更有十多年种植草莓的历史。西昌市冬阳草莓专业合作社依托乡党委政府决定举办草莓节的机遇，推动兴胜乡产业发展步伐，引导农民逐步从第一产业向第二、三产业转移，以生态农业观光旅游培育合作社社员财富增长的新亮点。

7.4 西昌市新华油桃水果专业合作社

调研时间：2013 年 8 月 7 日

调研地点：月华乡

调研人员：张千友、张桃源

被访人员：石成玉（监事长、原村支书）

7.4.1 基本情况

新华油桃水果专业合作社位于西昌市北大门，距西昌市区 32 公里的月华乡境内，2007 年在西昌市供销社的引导下正式挂牌成立，现已历经 6 个年头。

社员由当初的 27 户增加到现在的 214 户，注册资金为 1.84 万元，其中核心社员 15 户，带动农户 500 余户。合作社跨一县一市三镇一乡十个村。合作社主要经营产业为油桃、杏子等果树种植，生态鸡饲养。目前合作社社员水果种植面积 4000 余亩，全部净资产为 360 万元。合作社已注册"杨谷"商标，正申报绿色食品认证。目前，合作社已获得"凉山州示范社"的称号，正在申报"四川省示范社"。

7.4.2　内部管理日趋规范

合作社每年均召开社员大会 3 次以上，对合作社发展中的重大事项进行民主决策，充分体现了合作社坚持社员治社原则。合作社加上试运行的一年，目前已经达到六年时间，在 2010 年顺利实现理事会、监事会的换届选举。理事会、监事会及财务人员职责分明、分工明确、管理到位，保证了合作社各项目业务工作的正常开展。特别值得一提的是成立了技术领导小组，分设了四个果树主要种植片区。各片区设 1 名技术指导员，技术员在果树修枝、用药、用肥等环节指导每一户社员，社员服务满意后，才在技术员工作考勤本上签字。到年底，合作社按照各技术员的工作成效给予其相应的奖励。这一做法使合作社的水果质量大大提高，得到了广大社员的广泛认可与支持。

7.4.3　营销团队积极开拓市场①

2007 年，刚成立时合作社只有 1.84 万元的股金作为启动资金，运行十分困难。当时第一个困难是合作社油桃在西昌供大于求，农户辛辛苦苦种出来的油桃卖不上好价钱，出现了"桃贱伤农"的情况。市价高的时候能卖一块四五，最低时出现过 20~30 元一框（100 多斤），农户是叫苦连天可是又没有任何办法，同时，外地市场又不知道西昌有这么多的油桃。成立合作社后，能否打开销路是摆在合作社领导决策层面前的首要问题。于是在 2008 年油桃成熟之前，合作社领导班子召开紧急会议，通过对市场的分析了解决定每户社员拿出 100 元钱共 2700 元，派出 4 个人分别到重庆、成都、攀枝花、云南、贵阳等地水果市场，发放了大量的产品图片介绍。当时由于资金紧张，为了节约路费争取多跑几处市场，合作社领导班子在外地有时一天只吃一顿饭，住宿也尽量找 10~20 元一夜的旅社，吃尽了苦头。但是功夫不负有心人，当年引来了

---

① 西昌市新华油桃专业合作社. 新华油桃水果专业合作社工作情况简介 [EB/OL]. [2013-05-24]. http://yanggu. 114gs. com. cn/news/itemid-604. shtml.

昆明的陈老板、攀枝花的高老板等人到合作社批发油桃，当年的油桃价在上年价格的基础上提升了20%左右。2009年眉山的王老板打听到合作社后就直接来与合作社订货，以每斤2.4元的价格批发油桃，把合作社的产品销售到了重庆、贵阳等地，在2008年的基础上又提升了20%左右。2010年时合作社的油桃迎来了销售历史上的高峰期，总共来了五帮客商与合作社联系订货，就连福建的客商也闻名而来。后来经过合作社商议选定了三家客商以每斤2.9元的价格批发，致使西昌油桃价格在2009年的基础上又提升了30%左右。

7.4.4 农技创新小组展开科技攻关

合作社种植良种杏子已经有十余年历史，多年来，杏子挂果难一直困扰着广大果农，所种的杏子基本无收益。农户用尽了各种方法都没有效果，许多农户只好把辛辛苦苦种了七八年的杏树砍掉。2008年合作社经过多方联系请来了凉山州亚热带作物研究所的李元良所长与合作社的三名技术人员成立了科技创新小组，把杏子挂果难题立项为科技攻关课题，并得到了西昌市科技局的大力支持。于是合作社开展了一系列的科研试验工作，最后认定合作社杏子不挂果的最终原因是授粉不良。2009年合作社以每克花粉50元的价格买了几十克花粉分别由合作社三名技术员在自家杏树上做人工授粉试验，结果三家的杏子都得到了丰产，每斤杏子的批发价卖到了6~8元，技术组长赵生刚家的杏子亩产值达到了一万八千多元。2010年合作社统一在河南定购了两公斤花粉，在合作社社员中推广使用。社外人员也大量闻讯而来，其中有冕宁县漫水湾镇、西昌市安宁镇、太和镇、川兴镇、黄联镇、黄水乡，德昌县、米易县等地的许多杏子果农。只要有人邀请，合作社都毫不保留地指导他们，全面推广了杏树新型修剪法与人工授粉技术。

合作社成立以来，在各级政府的帮助下，尤其是在西昌市供销社的积极指导和支持下，通过全体社员的共同努力，合作社许多社员已住上了漂亮的洋房，日子过得红红火火。就拿社员倪先才家来说，仅2012年1季20亩油桃就收入了16万元，最低的社员也卖了2万多元，所以合作社社员年收入比当地普通农户基本高出20%以上。合作社坚信在国家的各种惠农政策下，在政府各部门的大力支持下，新华油桃水果专业合作社将会发展得更好，将会带领更多的农户走上脱贫致富的道路。

7.4.5 案例评析

在市场经济条件下，打造具有竞争力的拳头产品，建立顺畅的销售渠道是合作社增强凝集力、生命力的关键所在。新华油桃水果专业合作社是凉山州首批建立的专业合作经济组织，迄今已经有 6 年的发展历史。6 年以来，合作社能够从无到有，由小到大，顺利实现合作社理事会、监事会的换届选举，合作社已经走上了稳定的发展道路。据估计，2013 年，合作社毛收入可以达到 600余万元，其中油桃销售收入 360 万元，杏子销售收入 30 余万元，果园阉鸡销售收入 250 余万元。

合作社能取得这些成就，一方面得益于合作社结合自身优势，准确市场定位，打造出拳头产品。合作社充分利用安宁河谷地带充足的光热资源，发展油桃、杏子等水果，尤其是在春夏之交上市油桃，填补了水果市场的空白期，产品供不应求。与此同时，考虑到水果集中上市、采摘时间短等特点，为了充分利用社员的果园场地空间，合作社积极探索果园林下养殖模式，发展果园阉鸡养殖项目，这又给合作社社员增添了新的收入渠道。由于在果园养鸡，大大减少了社员在果园除草、杀虫的工作量，一举两得，深受广大社员的欢迎。另一方面，还得益于合作社主动出击，建立起稳定的销售渠道。在市场经济条件下，"好酒也怕巷子深"。如果缺乏市场销售渠道，从经济学意义上说，也就是缺乏有效需求，因此，再好的产品也没人知道，更谈不上卖出好价钱。为此，合作社充分发挥规模经济的优势，坚持投入大量的人力、物力、财力，使合作社产品走出西昌，走出大凉山，在全国各地大力推介合作社的特色产品，为社员的油桃、杏子、阉鸡等产品寻找广阔出路。这些努力终于获得了高额的市场回报，将油桃价格由过去两三毛钱一斤提升至两三块钱一斤，甚至更高。广大社员组织起来以后，不仅市场价格增加了十余倍，而且还获得了市场的定价权。通过建立生产和销售一体化的农民专业合作社组织，疏通和扩大农产品销售渠道，实现了"建一个组织，兴一项产业，活一地经济，富一方群众"的发展目标①。

为了获得长足的发展，新华油桃水果专业合作社不仅在市场上下功夫，而且围绕科技兴农，积极推广农业新技术、新品种。这也是合作社取得成功的重要因素。合作社采取"农户＋合作社＋科研院所＋项目资金"的模式，使农户与科研院所有效对接，并申请到国家财政项目资金，将农户在生产过程中遇到的实际问题，通过科研院所实现科技攻关，有效解决了合作社农户杏子树挂果难、坐果率低等问题，创造了良好的市场经济效益。而这些在过去，单靠一家

---

① 参见《四川省人民政府关于支持和促进农民专业合作社发展的意见》（川府发〔2008〕5号）。

一户的农户是不可能完成的。《四川省人民政府关于支持和促进农民专业合作社发展的意见》（川府发〔2008〕5号）提出："围绕科技兴农积极推广农业新技术、新品种，帮助农民专业合作社发展现代农业，提高农产品附加值。"①这是农民专业合作社今后发展的重点领域之一，在资金和政策上，政府还将进一步加大扶持力度。

7.5　西昌市山野香蒜产销专业合作社

访问时间：2013年10月13日
访问地点：大兴乡
访问人员：张千友、杜峰
被访人员：毛映国（理事长）

7.5.1　基本情况

西昌市山野香蒜产销专业合作社成立于2010年10月，发展社员58户，联系农户130户。主要经营产业为大蒜及相关产品。目前大蒜种植面积为11 000亩，股金含实物股总额为1520万元。合作社已申请"绿色食品"称号，正组织申报"有机食品"认证和地理保护标志。合作社已获得"凉山州示范社"称号。

7.5.2　规范的内部管理

在问及合作社取得成功的原因时，毛映国理事长认为在诸多因素中，最重要的是完善制度。首先，健全民主管理和监督体制，该社每年召开近20余次社员大会，换句话说平均每个月开2～3次会议，监事会会议次数更多，去年召开了将近40余次监事会会议。尤其是在产品种植和销售季节，几乎每天合作社理事会和监事会成员都要坚持召开碰头会，商量合作社重大事项。其次，规范财经制度，合作社严格按照《农民专业合作社财务会计制度》的要求，开展会计业务活动，严格财务管理，聘请专职财务会计，每年定期公开合作社财务信息，接受合作社社员以及监事会等机构的直接监督。

---

① 参见《四川省人民政府关于支持和促进农民专业合作社发展的意见》（川府发〔2008〕5号）。

7.5.3 社员平均出资，共同参与合作社事务

如果进行横向比较，该合作社的注册资金在调研的合作社中，属于注册资金较多的合作社之一。然而与部分合作社被少数大股东控股的情况不同，该社实行社员平均出资，每户社员等额出资现金 5000 元，同时还有土地等实物折价入股的情况。从理论上来看，等额出资大大降低了合作社被少数人控制的风险，削弱了部分大股东在合作社事务上的影响力，使合作社的经营决策更加民主、科学，更加符合最广大社员的利益，也更能集广大社员之智慧，一定程度上提高了合作社的凝聚力，使合作社发展得更好。

7.5.4 注重食品安全，拓宽产品销路

据调查，合作社对社员生产的产品有着严格的质量安全要求。为此，合作社引进大蒜产品质量检测仪，并对违反社内规定、不符合合作社内部标准的生产者进行处罚，从源头上杜绝农残超标、药品违规使用等食品安全问题。合作社还积极组织"三品一标"的认证，合作社先后获得"无公害产品""绿色食品"等农产品质量安全有关认证。这些做法为合作社带来了良好的社会声誉，在收购商中建立起了良好的信誉，合作社产品不愁销路。目前，合作社种植的蒜薹、大蒜等产品已经走出大凉山，远销成都、武汉、昆明等省会城市，产品供不应求。

尽管合作社没有强行要求社员将产品统一交由合作社售卖，然而，社员通过合作社销售产品的积极性高涨，80%以上的社员产品都是通过合作社销售。合作社规定，社员将产品交由合作社统一出售，合作社以高于市场价每斤一角的价格收购（这笔钱由收购商支付），并且还按照交易额（量）对社员进行二次返利，使社员享受优惠。

7.5.5 政府扶持，助力合作社快速成长

据调查，合作社的成功还得益于当地政府部门的大力扶持。在办公场地上，由大兴乡政府在政府大楼所在地为合作社免费提供了固定的办公室；在技术上，由政府部门出面，邀请西昌学院农业科学学院的专家教授对合作社社员进行大蒜种植技术的专题培训；在涉农项目申报上，政府积极引导合作社申报涉农项目，获得财政资金支持。该合作社在 2012 年，就获得了"四川省扶持'菜篮子'产品生产项目""凉山州西昌市扶持'菜篮子'产品生产项目"等涉农项目，获得中央财政标准园补贴资金 50 万元，主要用于合作社内部应用

标准化生产技术，改善生产条件，实施全程质量安全管理等领域。在调查过程中，毛映国理事长感慨道："合作社的成功，政府功不可没。"

7.5.6 案例评析

中国是个山地大国，广大山区处于地形上的隆起区，但却是经济发展上的塌陷区，广大山区占到了国土面积的 69.4%。[①] 在我国工业化、城镇化加速推进过程中，如何促进广大山区同步实现现代化，与全国一道步入现代社会，与平原区和丘陵区同步建成小康社会，这是摆在山区各级政府面前的重大难题。

西昌市山野香蒜产销专业合作社位于西昌市大兴乡，属于在典型的山区地带成长起来的农民专业合作社。大兴乡位于西昌市城东南 14 公里处，东接昭觉县玛增依乌乡，南连大箐乡，西北毗邻川兴镇。全乡共有耕地 5362 亩，其中水田 4795 亩，旱地 567 亩，人均占有耕地 0.8 亩，全乡辖 3 个行政村，34 个村民组，总人口 6567 人，少数民族以彝族为主，共计 740 人。大兴乡地处二半山区，四面环山，气候温和，日照充足，有独特的山区气候优势，适宜烤烟、蔬菜、花卉的生长，烤烟、蒜苔已成为该乡的支柱产业。[②] 西昌市山野香蒜产销专业合作社正是挖掘自己独特的区位优势，将远离大城市、地处偏远山区、交通不便等劣势转换为环境污染少，空气、水源质量好，适宜于发展生态有机绿色农产品的优势。合作社通过发展大蒜产业，将山区农民组织起来，建设农田水利设施，推广大蒜种植技术，培育大蒜新品种，建立大蒜系列产品的销售渠道，为山区农民培育了强大的产业支撑，在富裕山区农民方面探索出了一条切实可行的道路。

---

① 陈国阶，等. 2003 中国山区发展报告 [M]. 北京：商务印书馆，2004：1-2.

② 西昌市政府. 西昌市大兴乡 [EB/OL]. [2014-3-20]. http://www. scxxty. cn/lsz/template/11/detail. aspx? wid=1805&cid=19721&id=189506.

8 畜牧业农民专业合作社

8.1 西昌市鑫源养猪专业合作社

调研时间：2013 年 8 月 7 日
调研地点：西昌市小庙乡政府（小庙村）
调研人员：张千友、刘健、张桃源
被访人员：戴本忠（理事长）

8.1.1 合作社基本情况

西昌市鑫源养猪专业合作社成立于 2009 年 10 月，当初由七户生猪规模养殖户发起组建，现在合作社已经发展社员 102 户，其中核心社员 7 户，带动周边农户 2000 户以上。合作社注册资金为 450 万元，固定资产投资总额达到 1700 余万元，合作社主要的经营产业是生猪养殖和绿色生态猪肉销售。

8.1.2 标准化现代养殖小区

随着人们生活水平的提高，人们对猪肉的需求量日益增加。根据市场新形势发展的需要，2011 年西昌市鑫源养猪专业合作社的 22 户社员出资，在西昌市小庙乡安宁村一组承租荒滩地 182 亩，租期为 30 年（已办理土地流转手续），报经相关单位批准，并在 2012 年开工建设西昌市鑫源养猪专业合作社安宁养殖小区。该养殖小区计划分两期，争取在 3 年时间内建成投产，项目建成后预计存栏二杂母猪可达 2600~3000 头，年出栏生猪 5 万~6 万头。目前小区第一期项目建设已初具规模，预计将在 2013 年 12 月全部完工，存栏母猪达1200 头，其中能繁母猪达到 900 头；第二期工程预计将在 2014 年年底完成。①

---

① 赵卫劼. 西昌市鑫源养猪专业合作社安宁养殖小区简介［EB/OL］.［2013－09－03］. ht-tp：//www. xichang. gov. cn/Item/11467. aspx.

8.1.3 规范的内部管理制度

为有利于生产经营的发展，养殖小区实行"董事会领导下的总经理负责制"，积极引进技术骨干，实行"专家治场，内行管理"制度，现有职工 28 人，其中执业兽医师 1 人、本科以上学历 2 人、大专学历 6 人、中专学历 8 人。养殖小区依托大凉山独特的地理环境和资源优势，在推行畜禽良种化的基础上大力发展地方特色生猪，为市场和消费者提供优质的猪肉产品。西昌市鑫源养猪专业合作社注重专业技术与生猪养殖生产相结合，得到了当地政府及主管部门的大力支持和帮助，与四川省畜科院、成都市动科院、四川大学和西南民族大学等专业机构建立了深度合作关系，得到了大量技术支持和指导，使合作社得以稳步发展，并获得了 2012 年度"凉山州诚实守信模范企业"和"凉山州农民专业合作社州级示范社"称号，发展前景广阔。

8.1.4 生态放心肉生产模式

该合作社自成立伊始，努力打造拳头产品："鑫源生态放心肉"，将"绿色、生态"作为核心竞争力；积极探索以市场为依托、专业合作社为载体、生猪标准化规模养殖户为基础的现代猪业生产经营管理模式；始终坚持"做诚实养猪人，养绿色生态猪；把放心奉献社会，将健康留给亲人"的生产经营理念；专注于为消费者提供安全、放心的高品质猪肉产品。合作社根据"从基地到餐桌"的农产品食品供应链理论，探索构建了"鑫源生态放心猪肉生产模式"，保障猪肉产品质量安全，如图 8-1 所示。

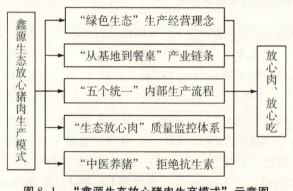

图 8-1　"鑫源生态放心猪肉生产模式"示意图

8.1.5 案例评析[①]

近年来，随着经济社会的不断发展，人民群众的生活水平和消费需求逐渐由"温饱型"向"小康型"转变，安全、健康和优质的食品成为广大消费者更加迫切的需求，为老百姓的"菜篮子"提供更加安全、健康和优质的猪肉已是大势所趋、势在必行。

（一）农民专业合作社提升农产品质量安全的内在机理分析

通过实际调查，我们发现西昌市鑫源养猪专业合作社在控制农产品质量安全问题上表现出极大的热情，并将其内化为合作社自身的经营战略。合作社在控制农产品质量安全问题上表现出来的普遍倾向，究其原因，本书认为应该是合作社内部的制度安排和组织模式加之外部的生存环境和扶持政策共同作用的结果。

（1）按交易量（额）返还盈余的分配制度：为农产品质量安全提供制度保障

合作社是"民办、民管、民受益"的互助性经济组织，具有"以服务成员为宗旨，谋求全体成员的共同利益""成员地位平等，实行民主管理""盈余主要按照成员与合作社的交易量（额）比例返还"等先天属性。也就是说，合作社成员拥有完全的剩余控制权和索取权，合作社取得的规模经济效益归合作社成员所有。从微观经济学理论来看，合作社获得的盈余越多，成员个体效用将越大；而合作社要获得更多的盈余，就必须保证农产品的质量安全，从而使成员个体利益目标与产品质量安全之间构成一种正相关关系。因此，对农产品质量不进行控制或控制不力，既不符合合作社的整体利益，也不符合成员的个体利益。这样的制度安排能够使合作社成员产生强烈的对合作社农产品质量安全的控制欲望，以维护自己当前和长远的经济利益。

（2）重复博弈的组织结构：为农产品质量安全提供组织保障

合作社的组织模式既区别于生产小农化、流通分散化的传统农业组织模式，又区别于部分地区推行的"公司+农户"的农业组织模式，而是随着市场经济的发展，农业生产领域呼唤更高级的产业化组织形式的产物，亦是在农村商品经济发展过程中，农业经济组织自然演进的结果，如图 8-2 所示。

---

① 张千友，蒋和胜. 专业合作、重复博弈与农产品质量安全水平提升的新机制 [J]. 农村经济，2011（10）：125-129.

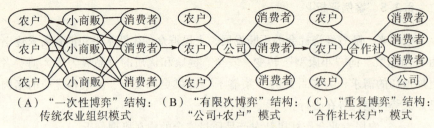

（A）"一次性博弈"结构： （B）"有限次博弈"结构： （C）"重复博弈"结构：
传统农业组织模式 "公司+农户"模式 "合作社+农户"模式

图 8-2 农业经济组织演进示意图

第一，"一次性博弈"结构：传统农业组织模式导致农产品质量安全监管困难。

我国的农业生产是建立在家庭联产承包责任制基础上的一家一户的小规模生产。全国有 2.3 亿户农户，每一户都是独立的生产和经营主体，2 亿多个主体同时组织生产并同时进入市场交易，无疑会给农产品安全技术和管理规则的推广造成极大困难，同时也使得政府监管的成本和难度急剧增大，农产品质量安全监管的有效性无法得到保证，此其一。其二，与国外农产品以大型批发市场和超市销售为主不同，我国农产品的销售很不集中，仍以农贸市场和"马路市场"为主，呈现出高度的分散化特征，使得那些以流通环节为终端的农产品质量监管措施实施起来难度非常大，效果也不理想。因此，在我国农产品的这种小规模生产和分散式销售环境下，交易主体之间大多是一次性博弈（One-time Game），市场声誉机制难以发挥作用，如图 8-2（A）所示。

第二，"有限次博弈"结构："公司+农户"模式难以保证农产品质量安全。

"公司+农户"模式中，按照双方之间契约连接的紧密程度和内容的不同，可以划分为：纯粹市场契约型、准市场契约型和一体化契约型三种契约类型①。由于准市场契约型的"公司+农户"农业产业化经营组织涉及农产品的价格、数量、品质要求和资金、技术、信息等服务以及对合作剩余的分割，农户成为了"部分剩余的索取者"，并且它又符合我国农业分户经营的特点，因而，它一度成为各地实践和政府所倡导的主要形式。但是，由于公司和农户利益的对立性并未根本改变，在公司对生产过程监督成本过高和农民诚信意识、质量意识缺失的条件下，公司对农民生产活动的控制能力有限，产品数量偏好

---

① 徐金海."公司+农户"经营组织的制度缺陷及其改进思路［J］.农业经济，2002（12）：35-37.

导致农民"搭便车"的行为难以得到有效遏制，公司收购的农产品并非总是能够完全达到订单规定的质量标准。① 这种组织形式中，由于公司和农户双方的垄断势力不同、农业生产经营活动与农产品质量存在高度的不确定性以及公司与农户双方的机会主义行为，形成了契约的不完全，公司和农户之间的合作更多倾向于有限次博弈（Finite Game），从而导致该组织模式存在一定的制度缺陷，也难以从根本上解决农产品的质量安全问题，如图8-2（B）所示。

第三，"重复博弈"结构："合作社+农户"模式将合作社属性与农业生产特性高度耦合，促进农产品质量安全。

与传统的依靠外部监控为主的方式相比，合作社得以有效保障农产品质量安全，源于农民专业合作社的特点与农业及农产品生产特性高度的一致性。农业生产具有周期长、环节多、过程复杂的特点，农产品的生产、加工、销售构成一个十分复杂的体系，在农产品生产的每一个过程和环节都存在出现威胁质量安全的可能。农民专业合作社是由同类农产品生产者依据"入社自愿、退社自由"等合作社原则组成的，具有重复博弈（Repeated Game）的性质②，对本组织成员的生产经营行为具有较强的协调和约束作用。由于合作社成员间利益连接紧密，生产区域相对有限，加之农村特有的熟人社会特点，便于对成员的生产经营行为进行有效的控制和监督。因而，农民专业合作社在保障农产品质量安全方面具有其他组织形式不可比拟的优势。以鑫源合作社为例，据调查，合作社通过台账记录、联络员或技术员上门督查来掌握社员的生产信息，基本消除了农户隐瞒真实信息的可能性。因为同行之间隐瞒的难度大，如"瘦肉精"问题，使用过"瘦肉精"的猪呈现出什么特点同行一目了然，而且合作社内部随时随地上门查验也变成可能，这对社员的机会主义行为构成极大的压力和风险。

（3）地缘群体性的空间分布：为农产品质量安全提供了环境保障

地缘群体是以地缘关系为纽带结合而成的社会群体，是一定区域内的社会生活共同体。农民专业合作社往往以居住关系为基础，由同一地方的农民发起成立。合作社对农产品质量控制的效果还取决于它生存的地缘群体性环境。该环境包括合作社所在区域的社会文化、人们的价值取向、历史传统等。自我国农村实行土地联产承包责任制以来，产生了大量游离于传统单位组织体系之外的多元利益主体，政府在这些利益主体之间形成了权力真空和信息的堵塞。③

---

① 郭晓鸣，廖祖君. 公司领办型合作社的形成机理与制度特征——以四川省邛崃市金利猪业合作社为例 [J]. 中国农村观察，2010（5）：48-55.

② Yifu Lin. Journal of Political Economy [J]. Volume 98, 1990 (6).

③ 邓国胜. 非营利组织评估 [M]. 北京：社会科学文献出版社，2001.

也就是说，农村社会正式组织和正式制度的供给是严重不足的，不能满足农村社会发展的要求，需要通过非正式制度来填补。所以，专业合作社这样的组织形式，不仅迎合了农村社会发展的需要，而且其组织形式也符合农村社会这个特定群体的实际情况。在农村以亲情为主要人际关系的社会环境里，合作社的所有成员都几乎是亲戚或邻居，很容易做到相互监督，这有利于合作社对其产品质量进行有效的监控。据调查，鑫源合作社成员在空间分布上呈现出明显的地缘性特征，成员相互之间平均不到 20 分钟的车程，有的步行数分钟即可到达，大大降低了成员之间相互监管的成本。

（4）农民专业合作社的扶持政策：为农产品质量安全提供了政策保障

现行关于农民专业合作社的财政扶持政策，极大地调动了合作社提高农产品质量安全水平的积极性。《农民专业合作社法》第七章五十条规定：中央和地方财政应当分别安排资金，支持农民专业合作社开展信息、培训、农产品质量标准与认证、农业生产基地设施建设、市场营销和技术推广服务。第五十一条还规定：国家政策性金融机构应当采取多种形式，为农民专业合作社提供多渠道的资金支持。国家鼓励商业性金融机构采取多种形式，为农民专业合作社提供金融服务。也就是说，合作社从事无公害、绿色和有机等"三品"（基地）的认证开发和推广将得到财政扶持；与此同时，还可从国家政策性金融机构、商业性金融机构获取贷款支持。我们在调查中发现，在鑫源合作社的发起及成立过程中，地方政府按照该合作社注册资金 1：1 的比例配套专项扶持资金，合作社可以在固定资产（检测设备、冷藏设备、信息系统）、技术培训、宣传资料等方面申请地方专项资金的扶持。

（二）以农产品质量安全促进农民专业合作社发展的反馈机制

（1）农产品质量安全成为合作社的核心竞争力。随着人们物质文化生活水平的日益提高，在农产品数量安全基本满足以后，人们对农产品质量安全提出了更高的要求。老百姓的饮食消费观念已经由"吃饱"向"吃好"转变。合作社利用自身在确保农产品质量安全方面的先天优势，注册绿色商标，生产绿色生态农产品正好满足了人们的现实需求，在消费者的心目中树立起了良好的品牌效应，从而大幅度提高了合作社产品的市场知名度和占有率，为其进一步的发展和壮大打下了坚实的基础。在对鑫源合作社的调查中发现，"鑫源生态放心肉"自投放市场以来，受到消费者的普遍青睐，消费者反映，"宁肯少吃二两肉，也要选吃放心肉"。

（2）农产品质量安全成为合作社承载社会服务功能的重要内容。目前，农业领域中的技术风险已经成为影响农产品质量的主要因素之一。一是技术应用不当导致的风险。它主要指农药、兽药、化肥等投入品的错用、滥用等不规范行为，成为引发农产品安全问题的重要原因。二是技术应用不足导致的风险。在产后分级、包装方面绝大部分农户生产的农产品都是以初级产品的形式进入市场，既没有加工、分级包装，也没有品牌商标，产地、品种、品质等特点都无法体现，质量很难达到优质要求。然而，自经典合作社思想诞生以来，合作社长期坚持"教育、培训与信息"和"关心社区"等原则，农产品质量安全知识和技术已成为教育和培训的重要内容，合作社通过对社员的集中培训和投放宣传资料，大大提高了农户的食品安全意识。与此同时，合作社为社区提供绿色生态的农产品也成为合作社关心社区、服务社区的实际行动。四川省洪雅县兴发养猪合作社 5 年来免费举办培训 160 多场次，向合作社成员及周边农民传授养殖技术和质量安全等方面的知识，参加培训的农民达 2 万余人次。① 鑫源合作社自发其成立以来，始终坚持"把绿色奉献社会，将健康带给亲人"的生产经营理念，为消费者提供安全、放心的高品质猪肉产品。

合作社内部具有确保农产品质量安全的制度安排和组织形式，外部亦具备特有的生存环境和扶持政策。因此，能够较好地解决信息不对称导致市场对农产品质量安全的逆向选择，生产的小规模化和流通的分散化导致农产品质量安全监管困难等诸多难题；反过来，农产品质量安全也成为合作社在市场经济中提升核心竞争力的有效手段，并将其作为实现社会服务功能的载体。合作社与农产品质量安全之间形成了完整的互助机制，如图 8-3 所示。

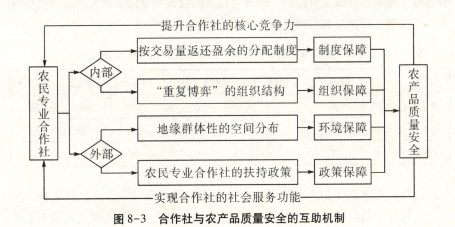

图 8-3 合作社与农产品质量安全的互助机制

---

① 任格. 农民专业合作社让消费者吃上"放心肉"[N]. 中国工商报, 2010-06-02.

8.2　西昌市伊星养殖产销专业合作社

调研时间：2013 年 8 月 23 日
调研地点：西昌市裕隆乡星宿村 8 组
调研人员：张千友、张桃源
被访人员：马泽俊（理事长，回族）

8.2.1　基本情况

西昌市伊星养殖产销专业合作社成立于 2011 年 11 月，最初是由当地养殖大户发起成立，以养殖水禽，加工并销售板鸭、板鹅为主要经营业务的专业合作社。合作社注册资金为 11.6 万元，现有社员 106 户，其中核心社员 6 户，带动周边养殖户 5000 余户。合作社每年平均饲养宰杀鸭鹅近 10 万只。

8.2.2　管理制度健全

目前，合作社"三会"（理事会、监事会和社员大会）制度健全。合作社理事会成员共计 6 人，理事会成员相关情况如表 8-1 所示。理事会成员每人出资 1 万元，其余社员都是等额出资，每人出资 2000 元。合作社理事会成员在合作社工作并不领取工资报酬，理事会成员的收入主要依靠销售产品、按股分红以及按照交易额返利三种途径。

表 8-1　西昌市伊星养殖产销专业合作社理事会生产经营和出资情况

	理事长	副理事长 1	副理事长 2	理事 1	理事 2	理事 3
是否生产大户	是	是	是	是	是	是
是否营销大户	是	是	是	是	是	是
出资额（万元）	1	1	1	1	1	1

合作社设立监事会，平均每年召开 10 余次监事会议，召开社员大会 3 次以上，每月定期向社员公开财务信息。合作社遇到重大事项需要通过投票来进行决策时，严格按照"一人一票"的投票方式进行表决，比如合作社章程的修订，选举或者罢免理事长和理事会成员，选举监事会成员，合作社业务经理的聘任，合作社盈余分配方案的修订以及其他重大项目投资等。

8.2.3 生产经营状况

西昌市伊星养殖产销专业合作社以内部成员为主要服务对象，包括提供农业生产资料的购买，鸭和鹅等农产品的加工、销售、贮藏以及与水禽饲养经营有关的技术、信息等服务。合作社自成立以来，社内成员的生产资料供应采取由合作社统一从事农资经营，采购以后再出售给合作社成员，成员不必预付资金。在生产过程中，合作社设置专门人员对成员生产过程和产品质量予以监管。成员产品（主要是成年的肉鸭和肉鹅）生产出来以后，由合作社统一收购，加工成板鸭和板鹅等成品对外销售。社员与合作社之间交易产品的价格随行就市，但合作社价格一般要优于市场价格，目前合作社社员的产品中大约有60%~80%的产品是通过合作社统一组织销售的。

8.2.4 收益分配方式

合作社分配收益的方式多样。目前合作社分配收益的方式主要有以下几种方式：第一，向社员以成本价提供农资；第二，以高于市场的价格收购社员的产品；第三，按照市场价格交易，然后分配盈余；第四，合作社向社员免费提供技术服务和品牌使用。如果合作社年终在提取公益金、公积金之后，还有盈余，合作社将按照社员与合作社之间的交易额（量）实行"二次返利"。向合作社缴纳股金的社员，还可以获得按股分红等财产性收益。

8.2.5 独特的饲养加工方式

在调研中发现，合作社成员大多数是当地回族居民，长期从事肉鸭和肉鹅的养殖，养殖业已经成为回族居民的优势产业。部分饲养大户依托合作社率先组织起来，生产加工具有本民族特色的清真食品。合作社成员都是生产和贩销大户，他们还向周边的带动农户收购鸭和鹅，但收购的鸭和鹅会在合作社社员家中采取特殊的喂养方式，饲养 1~2 个月，合作社对这一饲养过程有着十分严格的质量要求。正是由于合作社注重产品质量，市场上的"伊星鸭""伊星鹅"口感独特，具有不可替代性，深受广大消费者青睐，合作社的产品在市场上供不应求。

西昌市伊星养殖产销专业合作社社员特殊的喂养方式为合作社产品的销售奠定了坚实的基础。"伊星鸭"和"伊星鹅"肉质细腻、口感独特的秘密就在于他们有着自己的"秘方"。在鸭、鹅快宰杀的前40天，合作社社员会专门安排一个多月的时间来给鸭鹅填肥，其实就是给鸭鹅吃富有营养的"粉棒子"，这主要是用米粉和玉米粉以及其他一些原料配制而成的。据调查，在填肥过程中，每只鸭、鹅每天的饲料成本达到2元左右。这也是"伊星鸭"和"伊星鹅"销售价格高于市场其他产品的原因。据合作社理事长介绍，社员生产加工的一只板鹅能够卖到700多元钱。

"伊星鸭"和"伊星鹅"的加工过程也非常独特。在每年的9月份到第二年的3月份，合作社将鸭和鹅解剖后，利用西昌地区的干热天气进行自然风干，风干以后再真空打包，这样保质期能达到250天左右。因为自然风干程序要求特定气候条件，对时间和地点也形成特定要求，因此，合作社每年的产量也受到限制。

8.2.6 案例评析

打造具有市场竞争力的拳头产品是农民专业合作社发展壮大的根本。笔者在调研中发现，凡是社员参与合作社事务积极性高涨，合作社形成了较强的凝聚力和向心力的合作社，都有明确的发展战略、准确的市场定位、独具特色的市场产品，农户加入合作社，能够获得可观的收益；与此相反，凡是合作社组织涣散，合作社开展各项活动时，社员缺乏参与积极性，甚至有的合作社出现大面积社员退社现象等，这些合作社缺乏清晰的发展思路，市场定位不准确，没有找到能够带领社员共同致富的门道。加不加入合作社一个样，甚至加入合作社还会增加额外的负担，没有带来相关的收益，这些合作社自然难以吸引周边农户。

西昌市伊星养殖产销专业合作社让笔者看到了合作社在拳头产品选择和打造上的成功经验。合作社应该结合地方要素禀赋，深入分析合作社优势所在，融合地方特色和资源优势，培育特色产品。从伊星养殖产销专业合作社的成功经验可以看出，在农产品的产销中，加上自己本民族或是自己本地区的制作方法，是完全可行的。伊星就是将自己本民族的制作方法与西昌的独特亚热带气候环境联系起来，加上合作社的创新，进行为期一个多月的独特的饲养过程。据调查，普通的一只鸭、鹅在市场上的价格一般只有14~20元/斤，而合作社的鸭、鹅能卖到40元/斤左右。所以，在农产品的生产和加工的过程中，不妨开拓一些新的制作方法，增加产品的卖点和附加值。

8.3 西昌市原野蜂业产销专业合作社

调研时间：2013年8月9日

调研地点：西昌市高草乡大庄村

调研人员：张千友、张桃源

被访人员：马德忠（理事长，回族）

8.3.1 基本情况

西昌市原野蜂业产销专业合作社成立于 2010 年 5 月，由当地养蜂大户发起成立，目前已发展社员 152 户，其中核心社员 18 户，带动周边农户 260 余户。合作社主要的经营产业是养蜂以及蜂产品销售等。合作社注册资金为 100 万元，合作社股金（含实物股）总额为 450 余万元。合作社理事长个人单独出资 158 万元，占到了合作社股金总额的 35.11%，股权比较集中。将合作社所有社员出资额从大到小排列，出资最多的前三名社员累计出资 167.5 万元，占到了合作社股金总额的 37.22%，出资最多的前十名社员累计出资 178 万元，占到了合作社股金总额的 39.56%；认购股金最少的社员每户出资为 1000 元，共计 20 户；合作社还有 110 位社员只缴纳了工本费，未向合作社出资。

8.3.2 管理制度健全

目前，合作社"三会"（理事会、监事会和社员大会）制度健全。合作社理事会成员共计 5 人，相关情况如表 8-2 所示。据调查，合作社理事会成员在合作社工作并不领取工资报酬，理事会成员本身就是生产和销售大户，他们收入的主要来源是销售自己的产品以及按股分红等。

表 8-2　西昌市伊星养殖产销专业合作社理事会生产经营和出资情况

	理事长	副理事长 1	副理事长 2	理事 3	理事 4
是否生产大户	是	是	是	是	是
是否贩销大户	是	是	是	是	是
出资额（万元）	158	5	4.5	3	2

合作社设立监事会，监事会成员 3 人，平均每年召开 3 次监事会会议。由于养蜂人常年在野外作业，平时组织社员召开社员大会几乎不可能，只有到每年春节前后，合作社社员才能凑在一块儿，组织召开 1 次社员大会，每年定期向社员公开财务信息 1 次以上。合作社遇到重大事项需要通过投票来进行决策时，按照"一人一票"为主的投票方式进行表决，但有最高限制；合作社在面对章程的修订、选举或者罢免理事长和理事会成员、选举监事会成员、合作

社业务经理的聘任、合作社盈余分配方案的修订等重大项目决策时，均坚持"一人一票"的投票方式。

8.3.3 经营状况

西昌市原野蜂业产销专业合作社在产品生产过程中，设置专门技术人员对成员生产过程和产品质量予以监管。目前合作社生产的蜂蜜产品已经达到了国家标准，为了保障合作社产品质量安全，合作社已经取得无公害农产品认证——无公害蜂蜜产地（证书号为 WNCR-SC11-00129）①。目前，合作社产品的销售主要是通过合作社收购成员产品，加工以后出售半成品或者成品；同时合作社社员常年在全国各地放蜂，期间合作社社员也可以自行选择销售部分产品，合作社没有作强行要求。在合作社收购成员产品的过程中，产品价格按照合同价与市场价中较高的价格执行。就目前的情况来看，合作社社员产品中的80%及其以上是通过合作社销售的，合作社与社员之间签订了书面合同。在签订购销合同以后，如果出现市场价高于合同价的情况，合作社按照市场价提高农户产品的收购价格；如果市场价格低于当初的合同价格，合作社依然按照合同价收购社员产品，以保障合作社社员的利益。

目前，合作社产品的销售已经实现从"田间到餐桌"的直销模式。据该合作社负责人介绍："西昌市的蜂农有着天然优质的蜂产品，但由于农户零散、组织化程度低，价格却长期受制于蜂产品经销商。"以合作社形式经营下的直营店，不仅实现本地蜂农产销一体化，还能实现农产品实体化销售，与传统的销售模式相比，蜂农每年利润至少上涨50%。②

据了解，西昌市原野蜂业产销专业合作社坚持以蜂农为主体，让蜂农得实惠的发展宗旨，自合作社成立以来，积极为蜂农提供技术指导，统一产品销售，社员由成立之初的 36 户发展到 152 户，带动周边蜂农 260 多户，年产蜂蜜 800~1000 吨、蜂王浆 3~5 吨。为提高产品质量和打造产品品牌，合作社先后组织人员参加了农业部在武汉举办的内检员培训，并于年初办理了无公害市场准入证和产品条形码，合作社产品的 QS 认证也顺利通过相关部门的审查。

---

① 西昌市原野蜂业产销专业合作社无公害认证信息：无公害蜂蜜产地，证书号为 WNCR-SC11-00129，产地地址是四川省西昌市高草乡大庄村等，产地分布区域是四川省西昌市高草、裕隆、佑君、太和等乡（镇），产地规模是 800 吨；以上无公害畜产品产地的有效期为二〇一一年十一月二十日至二〇一四年十一月十九日。转引自：省局饲料处. 2011 年 11 月~2014 年 11 月四川省无公害畜产品产地名单 [EB/OL]. [2011-12-06]. http://www.scxmsp.gov.cn/wsbs/zlk/02/201112/t20111206_146756.html.

② 任倩茹，李洁. 西昌加快农民合作社市场化 [N]. 凉山日报，2011-09-14.

8.3.4 利润分配情况

合作社分配方案由全体社员代表大会决策。目前合作社分配收益的主要方式有：以高于市场的价格收购社员的产品，随行就市，按照市场价格交易，然后分配盈余；免费的技术服务和品牌使用。如果社员向合作社缴纳了股金，还可获得按股分红等财产性收入。合作社严格按照《农民专业合作社法》的相关规定，根据合作社章程，将合作社盈余的 60% 用于对社员进行"二次返利"，盈余分配的标准是按照社员与合作社之间的交易额（量）。

8.3.5 案例评析

近年来，农产品流通环节成本过高已经成为众人诟病的问题。一方面是老百姓买菜贵、生活成本节节攀升，导致"菜贵伤民"；另一方面，农民卖菜难，尤其是一些农产品在产地获得丰收，收购价极为便宜，导致"菜贱伤农"，种地不赚钱等问题使得农业比较效益长期偏低。这一对矛盾的解决，必须减少目前农产品中间的流通环节，降低农产品的流通费用。西昌市原野蜂业产销专业合作社采取"农户+合作社+直销门市"的模式，通过合作社经营的直营店销售合作社成员产品，减少了合作社农产品的流通环节，降低了流通费用，提高了流通效率，合作社以及社员都得到了直接的实惠。

西昌市原野蜂业产销专业合作社探索的"农户+合作社+直销店"模式延伸了产业链。合作社围绕蜂产品实施产业化经营，有效地延伸了蜂产品的产业链条，解决了长期以来困扰合作社发展的产业链脱节、利益连接关系松散等问题，从而获得了销售环节的增值收益，增强了农民专业合作社的凝聚力。西昌市原野蜂业产销专业合作社通过实践"农户+合作社+直销店"的模式，"不仅实现了本地蜂农产品的产销一体化，还实现了农产品的实体化销售，与传统的销售模式相比，蜂农每年利润至少上涨 50%"。合作社理事长如是说。

8.4 西昌市康达奶牛养殖专业合作社

调研时间：2013 年 8 月 9 日
调研地点：西昌市高草乡
调研人员：张千友、刘健
被访人员：朱跃勇（理事长）

8.4.1　合作社基本情况

西昌市康达奶牛养殖专业合作社于 2012 年 3 月在工商部门登记注册正式成立，位于高草乡中河村三组。目前，合作社发展社员 22 户，其中核心社员 10 户。主要经营产业是奶牛养殖，目前合作社建有 4 个养牛场，共计养殖 650 头奶牛。合作社为内蒙古伊利实业集团股份有限公司提供奶源。

8.4.2　"农户+合作社+公司"的经营模式

合作社的市场体系属于"农户+合作社+公司"模式，将奶农与牛奶公司联系起来，既为奶农建立了稳定的牛奶销售渠道，又为伊利等牛奶加工企业提供了稳定的奶源，有效地解决了小农户与大市场之间难以对接的矛盾。该合作社的 10 户核心社员每户饲养奶牛都在 50 头及其以上，普通社员入社要求必须达到规定的养殖生产规模——奶牛饲养规模在 10 头/户以上。所有社员的奶牛都在合作社统一建设的牛场中集中饲养，由合作社统一提供兽药和饲料，聘请兽医等专业技术人员驻守牛场，社员免交管理费。合作社还在牛场内建有饲料粉碎机等饲料加工设备，统一建立了现代化自动挤奶机，以及存储、加工、运输设备。牛场每天挤两次牛奶，合作社平均每天为伊利公司提供 40 余吨牛奶的奶源。合作社统一收购成员的牛奶，并出售给伊利公司，产品的价格由合作社与社员签订合同约定，但在调查中了解到，实际收购牛奶的价格按照合同价与市场价中较高的价格执行；就目前的情况来看，合作社社员中的全部牛奶都交售给合作社，由合作社统一销售。在社员签订合同以后，社员从未因产品的市场价格高于合同价而撕毁合同，从未出现社员违约的情况。合作社在市场价格高于合作社与社员签订的合同价格时，合作社出面与牛奶收购企业协商，尽快按市场价提高农户产品的收购价格，保证广大奶农社员的合法权益。

8.4.3　产品质量控制

在产品质量的控制方面，第一，由合作社统一聘用兽医和技术人员对农户奶牛的饲养过程和产品质量予以监管。第二，合作社建立集中饲养的牛场，对社员奶牛实行统一管理，集中饲养，便于监督。第三，在产品的生产环节中，奶牛的饲养技术主要由合作社技术人员来进行控制，防止抗生素等药物的不恰当使用。第四，在牛奶的采取环节，为了防止某一家农户奶牛的牛奶破坏整个牛场的牛奶，合作社在每一次挤奶过程中为每一家农户的牛奶保存小样，这样一旦发现合作社牛奶质量出了问题，可以有效地追溯到对应的农户。在产品的收购环节，合作社生产的牛奶按照伊利公司的要求，必须达到企业生产标准。

8.4.4 案例评析

西昌市康达奶牛养殖专业合作社以奶牛养殖为主要经营产业，采取"农户+合作社+公司"的模式，围绕奶牛饲养，建立有机蔬菜种植基地，完善市场体系，引导农民建立农产品生产销售一体化的农民专业合作社，疏通和扩大农产品销售渠道。

合作社发展前景好。从调查的情况来看，该合作社前景非常看好。随着老百姓生活水平的日益提高，老百姓的饮食消费结构正在由过去传统的"'8：1：1型'的食品消费结构，即八成粮食、一成肉食、一成蔬菜（并由此形成的'主食'与'副食'之分的概念），已快速转化为'4：3：3型'的食品消费结构，即四成粮食、三成肉—禽—鱼（以及蛋、奶），三成蔬—果。在新的消费结构下，主、副食之分已经不再具有太大的意义。这个转型过程已经进入中、晚期，如果居民收入继续上升，那么，整个过程应该在2015到2025年间结束"①。在市场经济条件下，消费决定需求，需求决定供给。合作社选择饲养奶牛作为主要经营产业，顺应了市场需求的长期变化趋势。从短期来看，近几年奶源短缺，奶价不断上涨，农户饲养奶牛的积极性比较高，踊跃加入合作社，合作社的发展势头良好。

合作社下一步还打算流转更多的土地，建设新的牛场，还计划建立500亩有机蔬菜基地，种植韭黄，充分利用奶牛场产生的牛粪，探索循环农业的发展道路。目前合作社遇到的主要困难有两方面，第一，资金缺乏。合作社希望能够获得涉农资金项目支持，进一步壮大合作社的发展规模，做大做强。第二，流转土地困难。合作社拟进一步扩大经营规模，需要新建牛场，建立蔬菜种植基地，但土地流转成本较高，集中连片的土地不好找。

8.5 会理县明荣科技养殖专业合作社

调研时间：2013年9月17日

调研地点：会理县

---

① 黄宗智，彭玉生. 三大历史性变迁的交汇与中国小规模农业的前景 [J]. 中国社会科学，2007（4）：74-88.

调研人员：张千友

被访人员：彭文云

8.5.1 基本情况

会理县明荣科技养殖专业合作社以会理县顺洪养殖有限责任公司为龙头发起，于 2009 年 5 月登记成立。注册资金为 200 万元，截止到 2013 年 9 月，合作社成员已发展到 552 户，其中规模养殖户达 268 户（年出栏生猪规模在 100 头以上），是目前凉山州会理县境内社员数量最多、社员跨行政区域最广、运行管理最规范、经营效益最佳的生猪养殖专业合作社。

8.5.2 内部管理规范有序

合作社自成立以来，全面贯彻《农民专业合作社法》的相关规定，严格执行成员代表大会制度、理事会制度、监事会制度，实现了民主管理；建立健全岗位职责、生产管理、收购营销、盈余提取、收益分配、风险防范、财务会计等制度，实现了规范化运行。

合作社秉承"教农学技，带农入市，助农增收"的核心理念，全面开展各项生产经营活动，经营规模快速扩大，盈利能力持续提高。经营内容主要涉及生猪养殖、饲料兽药经营、生猪（种猪、仔猪、育肥猪）购销。在生猪养殖中，合作社全面实现"五个统一"，即"畜禽品种统一、技术规范统一、疫病防控统一、投入品统一、产品销售统一"。合作社自成立以来，持续对入社成员开展养殖技术、猪场经营管理培训。合作社自成立以来，累计组织培训养殖人员 15 000 余人次。

8.5.3 经营业绩成效显著

合作社自成立以来，取得了良好的经济效益。2009 年合作社实现经营收入 3500 万元，实现利润 875 万元，其中，返利 389 万元，分红 477.25 万元，提取盈余公积金 8.75 万元。2010 年实现经营收入 5250 万元，实现利润 882 万元，其中，返利 393.8 万元，分红 479.38 万元，提取盈余公积金 8.82 万元。2011 年实现经营收入 6400 万元，实现利润 886 万元，其中，返利 333.14 万元，分红 544 万元，提取盈余公积金 8.86 万元。2012 年实现经营收入 5800 万元，实现利润 630 余万元，其中，返利 252 万元，分红 378 万元。预计 2013 年实现经营收入 6800 万元，实现利润 966 万元，其中，返利 386 万元，分红 580 万元。

未来几年，明荣科技养殖专业合作社将抢抓会理县深入实施现代畜牧业建设的各项政策机遇，全面开展内部管理建设、生产基地建设、流通渠道建设和畜产品品牌建设，大力发展"龙头企业+专合组织+农户"的生产模式，努力推动"农超对接""农校对接"，不断增强合作社的示范带动作用，促进合作社持续、稳健发展，社员户稳定增收。力争五年内建成州内一流、省内具有较高知名度的规范化生猪养殖营销专业合作社。

8.5.4 案例评析

尽管《农民专业合作社法》中要求，农民专业合作社应该坚持"成员以农民为主体"的基本原则，但同时也明确规定"从事与农民专业合作社业务直接有关的生产经营活动的企业、事业单位或者社会团体，能够利用农民专业合作社提供的服务，承认并遵守农民专业合作社章程，履行章程规定的入社手续的，可以成为农民专业合作社的成员"。也就是说，公司或者企业单位可以作为农民专业合作社的成员，但为了体现农民的主体性，对企业单位在数量上做了比较严格的限制，该法强调"农民专业合作社的成员中，农民至少应当占成员总数的百分之八十"。对企业单位成员数量要求"成员总数二十人以下的，可以有一个企业、事业单位或者社会团体成员；成员总数超过二十人的，企业、事业单位和社会团体成员不得超过成员总数的百分之五"。这些规定首先肯定了企业、事业单位和社会团体等组织形态，可以以组织成员的身份加入农民专业合作社。同时针对法人及有关非法人组织成员又强调了经营业务的相关性，要求他们要能够利用农民专业合作社提供的服务。

允许合作社中有企业等单位主要是基于以下考虑：我国农民专业合作社处于发展的初级阶段，规模较小、资金和技术缺乏、基础设施落后、生产和销售信息不通畅，对合作社来说，吸收企业、事业单位或者社会团体入社，有利于发挥它们资金、市场、技术和经验的优势，提高自身生产经营水平和抵御市场风险的能力，同时也可以方便生产资料的购买和农产品的销售，增加农民收入；对企业、事业单位或者社会团体成员而言，可以降低生产成本，稳定原料供应基地，提高产品质量，促进自身的标准化生产，实现生产、加工、销售的一体化。

会理县顺洪养殖有限责任公司加入会理县明荣科技养殖专业合作社，成为合作社成员之一，既可以增强合作社的经营实力，又可以使公司通过合作提高自身的竞争力，实现双赢。但需要注意的问题是，企业单位成为农民专业合作社的成员后，应当坚持"以服务成员为宗旨，谋求全体成员的共同利益"的原则，而不能只追求自身利益的最大化。

9 服务业农民专业合作社

9.1 西昌市安宁农村经济互助专业合作社^①

调研时间：2013年8月8日
调研地点：西昌市安宁镇川云路45号
调研人员：张千友、张桃源、刘健
被访人员：宋占国（理事长）

9.1.1 合作社的成立

安宁镇是西昌市粮食、蔬菜、牲畜的生产基地，农民专业合作社发展活跃，去年8月，当地就有各种农民专业合作社15个。不过，蓬勃发展的农民专业合作社近年来大多遭遇资金不足的问题。"发展规模种养，常常面临季节性资金需求。"兼任了西昌市洋葱协会理事长的宋占国说。

"由于缺少抵押物、借款金额不大等原因，一般农民到银行很难借到款。"安宁镇农业服务中心主任、合作社辅导员杨华山介绍，安宁镇居民去年在3家金融机构存了4亿多元，但农户贷款数额只有1000多万元。

"一方面，很多农民手头有钱，找不到投资渠道，只好存银行。另一方面，急需发展的种养大户钱又不够，融资成本很高，而且十分困难。"宋占国说，多年前，当地的农民专业合作社社员就在筹划建立自己内部的融资渠道。

村民的想法得到了西昌市供销社的理解、支持和引导，并通过供销社协调农业和民政等部门，"建立社员内部的融资渠道"由想法逐步走上操作层面。

"依照中央及省、州有关部门的意见，西昌市供销社支持安宁镇各农民专

---

① 该案例部分材料转引自：徐登林，王云. 西昌农民初探资金互助 [N]. 四川日报，2012-05-10.

业合作社社员通过自愿加入供销社领办的安宁农村经济互助合作社的方式，规范组织开展内部资金互助合作试点。"西昌市供销社原主任王明强说，只要对"三农"发展有利、符合政策导向、符合农民社员的发展需要，且发达地区有成功经验，供销社就会支持先行先试。

西昌市供销社依照《关于调整放宽农村地区银行业金融机构准入政策若干意见》及《农村资金互助社示范章程》等政策，对"胎动"中的安宁农民资金互助合作社试点进行操作层面的指导。

几经探索，安宁镇15个农民专业合作社抱团，组建了西昌市安宁农村经济互助专业合作社，西昌市工商局和市民政局给予合作社和开展互助的民办非企业法人及时进行了注册登记和手续办理。

以西昌市安宁农村经济互助专业合作社为依托，去年8月29日，西昌市安宁农民资金互助合作社成立。首批18户社员自愿缴纳基础股金80多万元。孙萍当时缴了100元的基础股金。"既希望有我们农民自己的'银行'，但又担心资金互助合作社经营不走①，一开始决定少拿点钱试一下。"孙萍回忆说。

9.1.2　基本情况

西昌市安宁农村经济互助专业合作社成立于2011年，注册资金为300万元，现有社员315户，其中核心社员20户。合作社的入社条件是：安宁镇的居民或者是在安宁镇居住满3年以上的，才能入社。入社最高股金不能超过10万元，不允许社员控股。社员入社后，3年以后才能退社，每3年对原始股进行一次清算，并且退社后的基本股是不能抽走的，只能在本合作社内流转。遇到重大事项，必须是社员大会表决。

合作社依托"三农"，坚持入社自愿、退社自由，以开展互助式合作服务社员、促进农民增收和农村发展为宗旨，帮助农民解决生产生活方面的小额资金需求，让农民资金专业合作社成为农民融资互助的有效平台，增加农民收入，更好地促进本镇农村社会经济的发展。

该合作社是四川省凉山州第一家民办、民管、民受益的农民资金互助组织，是贯彻落实党中央国务院政策文件，特别是在党的十七届三中全会允许农民专业合作社开展信用合作的精神鼓舞下应运而生的，是依据《四川省〈中华人民共和国农民专业合作社法〉实施办法》成立的。它以从事资金互助为主要经营业务，为广大农民在发展绿色农业，无公害食品的养殖，无公害蔬

---

① 四川方言，意指经营不善。——编者注

菜、粮食、瓜果的种植、创业、生活等方面提供可靠的资金互助支持。

9.1.3　合作社的内部治理

坚持"股一借十"的最高放款原则。比如，某社员缴纳100元股金，最多只能获得互助金1000元。缴纳5000元的股金，最多能获得5万元的互助金。

坚持"依托三农、限制区域、对内不对外"等原则。这是西昌市安宁农民资金互助合作社经营的基本原则。据了解，这个原则简单说来就是审慎经营，既解决合作社社员资金问题，又不触动金融监管相关红线。为此，西昌市安宁农民资金互助合作社设计了一系列预防性办法。比如入股时，一名社员的股金不能超过总股金的10%，超过5%时要报主管部门批准，互助金总额不超过10万元。投放互助金时，最大单笔投放量不能超过资本净额的15%，前10名投放大户投放量不能超过资本净额的50%，一名社员年度融资一般在5万元以下，最高不超过10万元。

资金互助合作社坚持"四会管理"制度。社员大会、发起人股东会、理事会、监事会按不同周期定时召开，分别解决章程规定的各自管理事务：章程制定或修改、重大决定、日常管理、财务监督等。

"社员股金是没有利息的，只是到年底分红。"据宋占国介绍，互助金投放分小额、大额短期和大额长期三种情况。第一种情况在同档银行基准贷款利率基础上下浮10%，第二种情况和第三种情况仿当地涉农银行贷款利率执行。"保小、保农、保救急，是互助金存入、投放的最终目的。"西昌市安宁农民资金互助合作社资金覆盖的领域恰恰是商业银行不愿意涉足的部分。

合作社的贷款审批流程是3万元以下理事长可以审批决定，3万~5万元以上3个理事签字。5万~15万元就需要全体股东开会审批决定。在贷款过程中，必须有贷款人两夫妻共同担保，然后还要求有另一对夫妻担保，并且另一对夫妻的经济实力还应高于贷款夫妻的经济实力，还要有村委会开具的诚信证明，加上抵押土地承包经营权证才能够获得贷款。

9.1.4　投放互助金，社员尝甜头

虽然只缴了100元的基础股金，社员孙萍还是领到了一本《社员股金证》。这本大红的股金证成了孙萍进一步了解资金互助合作社的窗口：合作社不但吸纳社员的基础股金、互助金，还向社员投放互助金。

追加股金后，去年底孙萍到西昌市安宁农民资金互助合作社申请投放互助金5万元，加上自己的资金，一次性购回260头育肥小猪。目前，这批育肥猪

平均体重达到 250 斤，即将出栏。"全部脱手后，可以净赚 10 多万元。"孙萍说，要不是互助金支持，她当时可不敢一次性购回那么多育肥小猪，"农民资金互助合作社确实给社员带来了实实在在的好处"。

安宁镇和平村村民田春斌蹲在洋葱地里拔苗测产。"这块地的洋葱达到 12 000 斤/亩，按 0.38 元/斤计算，亩产值超过 4500 元。"田春斌算完账高兴地说，靠资金互助合作社的 1 万元互助金支持，他种上了 2 亩地洋葱。

成立仅 8 个月，农民资金互助合作社让孙萍、田春斌首批入股合作社的村民尝到甜头。截至目前，合作社已发展入股社员 61 户，入社资金达 131.58 万元，累计投放社员互助金 30 笔，共 83.38 万元，其中按期归还 8 笔，按期还款率 100%。

9.1.5　风险控制

宋理事长还给课题组提到，合作社目前的最大风险就在于借出的资金，农民不用于农业生产，而是拿出去从事赌博或者是搞传销或者是其他不正当行为，这样就违背了贷款的初衷，造成了资金的浪费。这就要求合作社在放贷资金过程中严格控制信用风险。所以，资金互助社在风险控制方面制定了一些措施，以最大限度地降低信贷风险。

9.1.6　农民综合合作体的设想

据杨华山介绍，安宁的尝试还有更大的梦想——建立被他称为"安宁镇农民综合合作体"的组织。他解释，"农民综合合作体"包括了生产互助合作、资金互助合作、供销互助合作、文化互助合作、服务互助合作等丰富内涵。"足不出镇，让'农民综合合作体'解决农民所有生产、生活问题。"杨华山说，资金互助合作是"农民综合合作体"的血液和基础，资金互助合作成功后，才会有"农民综合合作体"。

9.1.7　案例评析

2011 年，西昌市安宁镇在 3 家金融机构的存款达 4 亿多元，而农户贷款数额只有 1000 多万元，存贷比例严重失衡。一方面，很多农民手头有钱，找不到投资渠道；另一方面，急需发展的种养大户钱又不够，融资难，怎么办？

十八届三中全会决定中提出"鼓励农村发展合作经济，扶持发展规模化、专业化、现代化经营，允许财政项目资金直接投向符合条件的合作社，允许财政补助形成的资产转交合作社持有和管护，允许合作社开展信用合作。"① 2012年3月28日，国务院常务会议批准实施《浙江省温州市金融综合改革试验区总体方案》，决定设立温州市金融综合改革试验区，开展金融综合改革。会议确定了温州市金融综合改革的十二项主要任务，其中第二项任务提出要"鼓励和支持民间资金参与地方金融机构改革，依法发起设立或参股村镇银行、贷款公司、农村资金互助社等新型金融组织"。农村资金互助社作为由民间资金发起设立的一种新型金融组织，与村镇银行、贷款公司等一并被纳入温州金融综合改革的体系之中。

与前两种新型金融组织不同，农村资金互助社指的是一种由农民和农村小企业按照自愿原则发起设立的为入股社员服务、实行社员民主管理的新型农村银行业金融机构。农村资金互助社以互助为目的，并无盈利目标。其组织成员大多是相对弱势的农户或农村小企业，为了缓解融资困难，他们将资金集中起来组建资金互助社，并将筹集到的资金用来满足社员自己的经济需要。这样能够较好地克服我国农村金融流通中存在的"系统性负投资"的现象。长期以来，受政策支配或利润最大化的驱使，我国农村信用社、邮政储蓄机构和其他商业银行充当着农村资金的"抽水机"。金融机构在农村获得大量的资金后，并没有把这些资金作为投资重新注入农村经济领域，反而致使大量资金流向城市，出现了农村地区的"信贷真空"和农村金融市场的"空心化"。这不仅造成了农村资金的短缺，使需要融资的农户难以获得资金支持，也助长了农村高利贷的蔓延，对我国农村经济发展造成非常不利的影响。②

为解决合作社内部成员生产与生活所需资金，支持家庭经营与专业合作经济同步发展，为破解农民资金短缺制约农村发展的瓶颈，作为缓解农民贷款难的创新之举，农民资金互助合作社贴近基层，了解百姓，方便农民，想农民之所想，急农民之所急，发挥了对农村金融主渠道的补充作用，加之农民资金专业合作社借款手续相对简单便捷，因此被农民朋友称为"农民自己的银行"。合作社以收纳社员股金、互助金等为资金来源，社员入股资金占用费参照本地农村信用合作社同期同档次存款利率执行，同时年底参与合作社的入股分红。合作社借款投向主要是社员发展农业生产、生活等方面，社员借款的资金占用费按当地农村信用社同期同档贷款利率执行。实践证明，农民资金互助组织不仅能解决农业生产、农产品销售过程中的资金短缺问题，而且对于发展农村经

---

① 中共中央关于全面深化改革若干重大问题的决定 [N]. 经济日报，2013-11-16.
② 盖鹏，陈振平. 如何建立农村新型金融组织 [N]. 光明日报，2012-06-05.

济，增加农民收入，深化农村综合改革，推进新农村建设具有十分重要的意义。

据了解，2013年10月，经省委农工委、省民政厅、省财政厅、省工商局、中国人民银行成都分行、省银监局联合评审，西昌市安宁农村经济互助专业合作社成为首批省级示范农民合作组织。

对于资金互助类合作社的监管部门的问题，到底应该是银监会监管还是供销社监管，这种附属关系是不是能够更明确？针对资金互助合作社的监管问题可能还需要相关部门作进一步研究讨论。

9.2 西昌市佑君镇农民资金互助专业合作社

调研时间：2013年8月23日
调研地点：西昌市佑君镇佑君路
调研人员：张千友、张桃源
被访人员：刘杨（理事长）

9.2.1 合作社的成立

佑君镇农民资金互助专业合作社，是依据《农民专业资金社法》、2006年中央一号文件引导农户发展资金互助组织、党的十七届三中全会允许农民专业合作社开展信用合作等国家有关法律、法规、政策文件的规定，经过西昌市供销合作社、西昌市工商行政管理局、西昌市民政管理局批准同意，于2012年4月8日正式挂牌成立，注册资金为100万元。按章程选举了理事长、监事长、监事。

合作社严格按照"民办、民管、民受益"的原则，以服务成员、谋求全体成员的共同利益为宗旨，实行自主经营、民主管理、盈余返还、成员地位平等、加入自愿、退出自由、利益共享、风险共担的资金互助专业合作组织。

该合作社遵循"依托三农"、限制区域、对内不对外的原则，诚实守信，审慎经营，加强民主管理，保护合作社社员的合法利益，自觉接受主管部门依法对资金互助社工作进行的监督管理。资金互助社自成立以来受到上级部门领导的重视，先后有中华供销合作社总社主任赵显仁带领省、州、市供销系统领导一行到该社视察指导，凉山州副州长、西昌市副市长余勇带领凉山州所有供销系统到该社视察调研，凉山州、西昌市供销专合组织领导多次到该社视察调研。对资金互助社目前工作给予支持与鼓励的同时提出许多指导性意见及建议。

9.2.2 经济效益

资金互助社积极为社员提供资金互助服务，聚集和激活民间资本，为以家庭经营作为基础的现代农业发展和农民创业增收提供资金支持开辟新路。

该合作社由 24 位发起人发起至今，累计发展社员 415 户，社员互助金累计 1080.7 万元，累计向社员投放互助金 950.7 万元，按期收回 331 万元，现投放 619.7 万元，投放范围覆盖佑君镇各个村组，涉及种植、养殖、农业运输、农机、农具、农资购买等领域，为社员增产增收提供了有力的支持和帮助，促进了当地农村经济的发展。

2012 年 7 月 5 日，占沟村 2 组，罗国英夫妻承包了 70 亩土地，种烤烟，需要修建烤烟房资金困难，在合作社借用互助金 2 万元，用于修建烤烟房。2012 年 10 月 4 日，烤烟销售后罗国英夫妻立即归还了此笔互助金同时在互助社存了 3 万元的互助金，对资金互助社有了更高的认识及信任。2012 年 7 月 25 日社员易忠明，种植大棚韭黄，资金前期投入紧张，在互助社申请互助金 3 万元，在 2012 年 11 月销售了韭黄后归还了互助金，实际困难得到了解决，并实现了增收。四堡村二组李家忠是当地养猪大户，2012 年养殖种猪 200 头，小猪、肥猪等近 1 千头，在互助社借用互助金 5 万元用于购买饲料，当年实现了 8 万元的经济收入。

9.2.3 合作社的内部管理

该合作社严格按照《农民专业合作社法》、合作社章程等规章制度运行，严格按照对内不对外、诚实守信、审慎经营、民主管理等经营原则开展各项经营活动，保护合作社社员的合法利益，自觉接受主管部门、上级领导部门和登记管理机关的监督管理。

互助专业合作社的资金将 100%地投入到佑君当地需要互助的社员中，为更多的家庭经营现代农业和农民创业增收提供资金支持。

9.2.4 勇于承担社会责任

尽管佑君镇农民资金互助专业合作社自 2012 年 4 月成立以来，时间不长，还处于创业初期，但合作社始终坚持以服务农村、发展农业、富裕农民为己任，积极为振兴区域经济，为农民提供生产、生活中所需的资金互助服务，聚集、激活农村民间资本，为以家庭经济为基础的现代农业发展和农民创业增收提供资金支持，切实履行促进地区发展的社会责任。为此，在 2013 年 8 月，合作社对佑君镇、中坝乡、大庄村 2013 年考取大学本科的 36 名学生给予捐赠。具体的捐赠标准为：考取一本的学生每人资助 1000 元，考取二本的学生每人资助 600 元。

合作社本身是弱势群体自发联合的组织，佑君镇农民资金互助专业合作社捐资助学的行为，正是以自身的实际行动感恩社会，以乐观向上的精神风貌激励莘莘学子，勇于克服困难，勇于挑战，勤奋学习，努力创造，艰苦朴素，自立自强，感恩社会。

9.2.5 案例评析

2014 年中央一号文件是新世纪以来指导"三农"工作的第十一个中央一号文件。今年的一号文件中明确要求加快农村金融制度创新，提出要发展新型农村合作金融组织，要求"在管理民主、运行规范、带动力强的农民合作社和供销合作社基础上，培育发展农村合作金融，不断丰富农村地区金融机构类型"。"坚持社员制、封闭性原则，在不对外吸储放贷、不支付固定回报的前提下，推动社区性农村资金互助组织发展。"①

佑君镇农民资金互助专业合作社在短短的 1 年多时间里，从无到有，从小到大，实现了快速的发展，这充分反映了在广大农村的资金互助组织的现实需求。尽管合作社得到了相关部门以及领导的大力支持和帮助，然而，合作社的发展依然面临自身定位不准，资金互助社究竟是专合组织还是金融组织等一系列问题。这些问题的解决，第一，需要国家加快完善金融体制改革步伐，切实做好顶层设计；第二，需要广大社员尤其是合作社成员给予资金互助专业合作社更多的关注和支持；第三，在市场经济条件下，也需要合作社的经营管理人员自力更生，悉心经营，坚持合作金融的信心，增强合作社在市场经济条件下的自身能力，让合作金融的效益越来越好，影响越来越大。

对于地方政府来说，2014 年中央一号文件也提出"完善地方农村金融管理体制，明确地方政府对新型农村合作金融监管职责，鼓励地方建立风险补偿基金，有效防范金融风险"。文件还提出要"适时制定农村合作金融发展管理办法"。这为今后农村资金互助合作社的发展指明了前进的方向。

---

① 关于全面深化农村改革加快推进农业现代化的若干意见 [EB/OL]. [2014-01-19]. http://www.farmer.com.cn/xwpd/btxw/201401/t20140119_933685.htm.

9.3　西昌鑫农农机专业合作社

调研时间：2013 年 8 月 9 日
调研地点：西昌市高草乡中河村
调研人员：张千友、张桃源
调研对象：王勇（理事长）

9.3.1　合作社基本情况

西昌鑫农农机专业合作社是凉山州第一家农机作业类专业合作社。为进一步提高农业机械的利用率、促进农业资源的优化配置、减少重复购置机具，按照自愿互利、自我管理、自主经营、自我发展的原则，组建了农机专业合作社，合作社广泛吸收本地及周边乡镇有多年农机驾驶操作和维修经验的机手为社员，组建了一支集跨区作业、机具维修等服务为一体的机收、农机化作业队伍。

合作社正式登记成立于 2011 年 2 月，目前有核心社员 5 户，普通社员 9 户。该合作社的服务宗旨是"安全第一、诚信高效、热情周到、保证质量"。合作社服务范围包括：机犁、机耕、机器播种、机收（小麦、水稻），统一组织农机用户技术交流和跨区作业，并开展农机维修、二手农机交易中介等各种农机服务。

9.3.2　经营资产规模

合作社注册资金为 30 余万元，截至 2013 年 6 月底，股金（含实物股）总额 30.8 万元，固定资产总额 60 余万元，银行贷款 30 万元。合作社现有农机具如表 9-1 所示。

表 9-1　　　　西昌鑫农农机专业合作社农机设备一览表

农机名称	农机品牌	农机数量（台）
拖拉机	福田 TA-804	3
拖拉机	纽荷兰 SNH-654	2
旋耕机	—	7
悬挂铧	—	5

表9-1(续)

农机名称	农机品牌	农机数量（台）
全喂入收割机	—	3
半喂入收割机	—	1

9.3.3 发展面临的困难

在调研中了解到，尽管政府对合作社农机户在政策上给予支持，在资金上给予扶持，然而，西昌鑫农农机专业合作社在发展过程中仍然面临缺乏资金等问题。与种植和养殖行业相比，尽管农机合作社拥有价值较高的农业机械，然而，这些机械的使用面过窄，仅仅限于农业生产领域，因此资产变现能力差，金融机构一般也不愿意接受这些抵押物品。合作社也同样面临贷款难的问题。

散户太多也是问题之一。目前，合作社内部社员大多拥有1~2台设备，规模小，设备服务能力低，在抢种抢收季节，往往不适宜大面积机械化作业。如果组团外出作业，现有装备也与实际需要不相适应，组团规模往往偏小。

9.3.4 案例评析

当前，我国农业兼业化、农村空心化、农民老龄化趋势日益明显，农民对农机需求旺盛，对农机的需求正从粮食生产领域向经济作物、林果业、畜牧业等领域拓展。从供给看，2013年我国农机产业总产值突破3600亿元，但产品主要以中低端为主，棉花、油菜籽、甘蔗、马铃薯、甜菜等方面机械产品发展还很滞后，制约了农业机械化水平的全面提升。随着土地规模化经营的快速发展，家庭农场、农民专业合作社等新型农业经营主体正在崛起，成长为农机市场消费的主要力量。根据中国农机流通协会的调查，家庭农场、农民专业合作社等新型农业经营主体在农机消费中的比重正以年均15%的速度增长。[1]

2014年中央一号文件提出，要"建设以农业物联网和精准装备为重点的农业全程信息化和机械化技术体系，推进以设施农业和农产品精深加工为重点的新兴产业技术研发"。"加快推进大田作物生产全程机械化，主攻机插秧、机采棉等薄弱环节，实现作物品种、栽培技术和机械装备的集成配套。积极发

---

[1] 刘慧. 关键是要转型升级——来自春耕一线的农机产业发展调研 [N]. 经济日报，2014-03-28.

展农机作业、维修、租赁等社会化服务，支持发展农机合作社等服务组织。"①
这些提法为农机专业合作社的发展指明方向。

尽管新中国成立以来，我国农业机械总动力有了突飞猛进的发展，如图9
-1所示。农业物质生产条件是反映农业生产力水平的重要标志。农业机械化
乃至其他农业物质技术装备的改革，是一个漫长而复杂的发展过程，绝不是人
的主观意志所能决定的简单过程。新中国成立以后，尤其是改革开放以来，我
国农业物质生产条件有了很大改善。农业机械化、电气化、科学化程度越来越
高，农业物质投入也在不断增加。1952年农业机械总动力为18.4万千瓦，
1978年13 379.46万千瓦，2009年达到87 496.1万千瓦，2009年为1952年的
4755.2倍，为1978年的7.4倍。这些物质技术装备条件的改善，提高了农业
生产率，促进了农业生产的专业化和社会化，提高了农业经济效益，也为我国
新型农业合作化准备了物质条件。

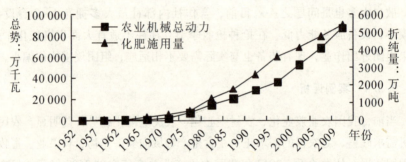

图9-1　农业机械总动力、化肥施用量变化趋势图

数据来源：中华人民共和国农业部. 新中国农业60年统计资料［G］. 北京：中
国统计出版社，2000：8.

然而，我国与发达国家相比还有较大的差距，与我国发展现代农业的要求
相差甚远。农机专业合作社的发展和壮大，能够有效解决目前农村劳动力老龄
化问题，提高单位劳动力耕作面积，是我国农业现代化过程中，机械替代劳动
力的必然趋势。② 随着用工工价的提高，家庭农场、种养大户等新型农业经营

----

① 新华社. 关于全面深化农村改革加快推进农业现代化的若干意见［N］. 经济日报，2014-
01-20.

② 改革开放30多年来，我国农业剩余劳动力源不断地离开土地从事工业、商贸流通业和
服务业，迄今为止，大约有3亿农民转移到了非农业部门，尚有2.8亿的劳动力从事农业生产，
占全部劳动力比重的36.7%。如果把20%作为实现工业化的临界标准，我国至少还有16.7%即1.3
亿农业劳动力必须从土地上转移出来。转引自：郭熙保，白松涛. 农业规模化经营：实现"四化"
同步的根本出路［N］. 光明日报，2013-02-08.

实体快速发展，我国农业生产的人均耕地面积还将进一步增加。有人测算过，当人均耕地面积达到一定规模的时候，农业劳动生产率进一步提高，使农业劳动力从事务农生产所获得的收入与二三产业生产获得的收入大体相当，到了这个时候，农业劳动力将停止向第二、三产业转移，保持在一定的均衡水平。换句话说，随着劳动力的转移，农业生产领域还将有大量剩余劳动力可以转移到非农部门就业，机械替代劳动力的趋势也将持续下去。

在田间地头，农民扛着锄头、赶牛拉犁的景象已很少见了，更多的农民选择农机从事农业生产。随着农机化的快速推进，机械化作业已经成为我国农业生产的主要方式。根据国际发展经验，当农机化水平达到40%时，农机化就进入快速发展时期。去年我国农业机械综合利用水平达到59%，可以说已经进入农机化快速发展的通道。但是，与发达国家相比，我国农机化发展水平还很低。当前，我国农业机械化还处于比较粗放的规模扩张阶段，59%的农机化水平仅是以种植业作为考量范围，如果综合考虑农业的各个领域，和发达国家的差距会更大。

我国各地农机化发展非常不平衡，粮食领域的机械化水平较高，棉花、大豆、畜牧等机械化水平低；耕种收机械化水平高，施肥、喷药、烘干等环节的机械化水平低；平原地区农业机械化水平高，丘陵山区则较低。这些不平衡不仅制约了农机产业甚至一些地区现代农业的发展，而且制约了我国农业机械化水平的提高。造成这种局面有我国农机制造水平低、不能适时提供农业生产需要的装备等原因；更重要的是，我国农机化发展过分重视粮食生产机械化，农业装备制造也基本集中在粮食生产机械上。因此，要全面均衡推进农机化发展。

我国农机化已经进入加快发展、质量提升、结构改善的转型发展的阶段。现在农机化发展面临的最大问题是，现代农业对农机的更高需求与农机产品有效供给不足的矛盾，这一矛盾制约着我国农机化的转型升级。解决这一问题，除了要加大农机科技创新力度，生产出更好地满足现代农业需求的高端农机产品之外；更重要的是，要加强农机科技推广力度，打通农机科技推广的"最后一公里"，使农机科技新成果尽快转化为对农民有用的新产品，满足现代农业发展的需求。

10   林业农民专业合作社

10.1   会理县东虹核桃专业合作社

调研时间：2013 年 9 月 17 日
调研地点：四川会理县守府东路 85 号
调研人员：张千友
调研对象：秦玉美（理事长）

10.1.1   基本情况

会理县东虹核桃专业合作社成立于 2011 年 7 月，当初由会理县核桃种植户发起组建。目前，合作社已经发展社员 361 户，带动周边农户 2500 余户，主要从事新优核桃苗（东虹核桃、8518、香玲）、核桃干果、松子、野菜、野菌等产品专业培育、生产加工等业务。合作社注册资金为 100 万元，目前固定资产投资达到 500 万元。合作社资金主要由理事会成员提供，理事会成员为 5 人，出资情况如表 10-1 所示。合作社社员认购股金普遍较少，只缴纳工本费或者未出资的社员有 300 余户。

表 10-1 会理县东虹核桃专业合作社理事会成员生产经营以及出资情况

	理事长	副理事长 1	副理事长 2	理事 3	理事 4
是否生产大户	是	是	是	是	是
是否贩销大户	是	是	是	是	是
出资额（万元）	50	20	20	5	5

合作社理事会成员在合作社领取工资，平均工资为 24 000 元/年，但工资并不是理事会成员的唯一收入，在理事会成员的收入构成中，从高到低，依次

为：按股分红，按交易额返利，销售产品收入，奖金，工资。合作社建立了监事会，监事会由3名成员构成，平均每年召开5次监事会会议，全年召开成员大会2次，公开财务信息1次。

从2012年开始，合作社推出核桃专用肥和核桃专用农药，使核桃产业发展更有保障。2013年，合作社规划核桃深加工工厂建设，建成后核桃系列产品将投放市场。

10.1.2 经营状况

会理县东虹核桃专业合作社采用"合作社+农户+基地"的经营模式，拥有完整、科学的质量管理体系，产品畅销全国及东南亚地区。合作社从事农资经营，为社员统一购买农资，按照成本价格出售给合作社成员，成员不必预付资金。为了提高产品质量，合作社设置了专业技术人员对合作社成员生产过程和产品质量予以监管，目前合作社产品已经达到国家标准。合作社产品的主要销售渠道是通过合作社收购成员产品，加工后出售半成品或者成品。合作社近两年经营状况如表10-2所示。

表10-2　　　　　会理县东虹核桃专业合作社的经营状况　　　单位：万元

	预期产值	实际产值	利润
2011年7~12月	150	230	30
2012年1~12月	500	780	150
2013年1~6月	300	350	75

合作社在收购社员产品的过程中，事先签订书面合同，约定合同价格（这里主要是约定保底价格，25元/公斤）。如果市场价高于合同价，合作社则按照市场价提高农户产品的收购价格；签订合同后，如果市场价低于合同价，合作社仍按照原合同价格收购社员产品，并保证收购数量，由合作社承担市场风险。

10.1.3 利润分配方式

分配方案的决策者是合作社社员代表大会。目前，会理县东虹核桃专业合作社分配收益的方式主要有四种：①向社员以成本价提供农资；②向社员提供免费的技术服务和品牌使用；③如果合作社获得盈余，还将对社员进行"二次返利"；④若社员向合作社缴纳股金，这些社员还可以获得按股分红。

10.1.4 合作社产品特色①

会理县东虹核桃专业合作社产品具有如下特色：①早实性，当年苗部分当年开花，有的坐果，有的核桃可在树苗上成熟。②丰产性，核桃苗定植第二年，产干果60个左右，个别树可达120个左右，第三年亩产100斤左右，个别枝已有穗状核桃由此逐步进入丰产期。5年后达高峰产量，亩产过千斤。③品质优，东虹核桃坚果品质上等，各项质量指标均达到国家核桃坚果品质的优级果标准。平均单果重14克，果形端正，大小均匀，果面光滑，麻点少，壳厚1毫米（此厚度最具商品价值，太厚出仁率低，太薄无法运输），手指可捏破，内褶壁退化，横膈膜膜质薄，易取整仁，出仁率为63.8%（大部分优良品种出仁率在50%左右，达到60%以上的很少），果仁饱满、颜色浅、无涩味、风味香、口感好。④易管理，东虹核桃树日常管理简单，省工省钱。一般的果树都需要修剪整形，产量才能有保证。而东虹核桃树萌生的侧枝越多，产量越高，因而不需要修剪整形，任其自然生长即可。它的病虫害也比较少。每年用于管理、防病治虫的农药、人工等的花费比葡萄、苹果、桃等浆果类树要省得多。⑤抗病强。⑥耐贮藏，东虹核桃坚果耐贮藏，常温下可存放一年不变质。⑦抗灾害，东虹核桃抗拒自然灾害能力强。它耐旱、耐涝、耐瘠薄、抗风、抗冰雹、抗冻。核桃坚果外长着较厚的青皮，被冰雹击伤后，对坚果影响不大，不会降低核桃的商品价值。任何一种果树在花期和坐果期都怕"倒春寒"，东虹核桃能抵御零下5度的寒流，其他水果只能抵御2~3度的寒流。即使遇到超过零下5度的寒流，东虹核桃的二次花也能结果，不会因此而绝产。⑧食用方便，东虹核桃坚果食用方便，双手一捏即可捏破，取整仁很容易，不需要锤头砸，也不需要夹子夹。

10.1.5 案例评析

中国是个山地大国，约有山地面积666万平方千米，占国土面积的69.4%。山地对中华民族的繁衍、生息和光辉灿烂的历史文明，做出过不可磨灭的贡献，在中国的可持续发展中有极其重要的战略地位。② 但是，笔者也看到，山区在中国地形上是隆起区，经济上却是低谷区。面对中国社会经济高速发展的新形势，面对实现全面小康的战略目标，山地地区发展滞后带来的影响

---

① 杨小洪. 会理县东虹核桃专业合作社概况 [EB/OL]. [2013-01-16]. http：//donghong-hetao. 1688. com/page/creditdetail. htm.

② 陈国阶，等. 2003 中国山区发展报告 [M]. 北京：商务印书馆，2004：1-2.

越来越明显，面临的挑战越来越严峻。山地问题，已不仅仅是山区本身的问题，而是牵连到全国能否持续、协调发展的问题。可以说，中国实现全面小康的难点在农村，而农村的难中之难在山区农村。换句话说，中国区域发展当前突出的问题是"三农"（农民、农业、农村问题），而"三农"问题最突出、最尖锐的区域是山区。如何充分挖掘山区农村的优势资源，实现山区农村可持续发展，是当前山区农村发展面临的紧迫问题。

会理县东虹核桃专业合作社充分发挥山区地理条件优势，发动山区广大农户，在山区推广核桃果、松子、野菜、野菌等林区经济作物，创造了较好的经济效益和社会效益。

首先，培育和改良适宜山区种植的核桃树苗新品种。会理县东虹核桃专业合作社培育的新品种和普通核桃的区别主要有：①见效时间不同，普通核桃栽植5~6年，甚至8~9年才开花结果，十几年后才能达到盛产期，东虹核桃当年见果，三年盛产，五年丰产。②产量不同，普通核桃丰产期亩产50~300斤。东虹核桃三年亩产就可达到100斤左右，丰产期比较瘠薄的土地亩产在600斤左右，水肥条件好的地块可达1000斤左右。③坚果品质不同，普通核桃壳厚2毫米左右，夹仁多，取仁不易，出仁率低，仅30%多，仁色深，有涩味，很多人不喜欢吃。东虹核桃坚果品质上等，两手一捏就破开，取仁容易，果仁无涩味，深受消费者的喜爱。

其次，合作社统一收购社员产品，进行加工，销售半成品或者成品。这不仅解决了山区农产品远离中心市场、销售困难的问题，而且通过产品深加工，获得了加工和销售环节的增值收益。

10.2　德昌县精品梨农民专业合作社

调研时间：2013年8月9日
调研地点：德昌县六所乡陈所村下团山合作社10号
调研人员：张千友
调研对象：王恒（理事长）

10.2.1　基本情况

德昌县精品梨农民专业合作社于2009年正式注册登记，当初由生产大户发起成立。目前，合作社发展社员205户，其中核心社员21户。合作社注册资金为 200 万元，拥有固定资产总额 900 余万元，认购股金最少的社员每户出资 1000 元，累计有 55 户，只缴纳工本或未出资的社员有 23 户。合作社现有种植基地面积 1000 余亩，覆盖德昌县的六所乡、王所乡、德州镇，辐射带动邻近乡镇及周边县市 700 余户农户，种植面积达到 2000 余亩，目前 80% 的农民均是新种植户。该合作社主要为社员提供精品梨的种植、加工、销售、运输和储藏，提供有关种植技术、信息服务，为合作社社员提供所需的农业生产资料购买服务。

10.2.2 内部管理完善

合作社规章制度健全。德昌县精品梨农民专业合作社严格按《农民专业合作社法》管理，民主选举产生组织机构及其成员，制订了《组织人员自律制度》《民主考评组织人员绩效工资制度》《果品收购方案》等制度，充分发挥监事会及社员代表、社员的监督职能。

合作社"三会"制度齐全。理事会成员有 5 人，理事会成员情况如表 10-3 所示。合作社理事会成员在合作社领取固定工资，平均工资水平为 10 000 元/年，除了工资，合作社理事会成员还可以获得奖金、销售产品的收入、按股分红以及按照交易额返利等收入。

表 10-3　　　　德昌县精品梨农民专业合作社理事会成员
生产经营及出资情况

	理事长	副理事长 1	副理事长 2	理事 3	理事 4
是否生产大户	是	是	是	是	是
是否贩销大户	是	是	是		
出资额（万元）	20	10	10	5	5

合作社设置监事会，监事会成员有 3 人，平均每年召开 4 次监事会会议。合作社每年召开社员大会 3 次，公开合作社财务信息 3 次。合作社严格坚持"入社自由、退社自愿"的原则，农户只要提出申请就可以加入合作社。如果社员想退社，社员（含大股东）提出申请即可退社；如果社员要求退社，合作社还将退还社员股金，并清退股金价值的增值部分。

10.2.3 合作社经营状况

合作社坚持以"抓质量求生存，创品牌谋发展"为根本思路，坚持"四个统一"（统一配方施肥、统一防治病虫害、统一管理技术、统一物资采购）标准化生产、统购直销和质量跟踪，着力打造精品梨品牌形象。目前，已开发多种包装箱，包括普通箱、礼品箱、精品箱等，并注册"陈所坝"商标。合作社设置专业技术人员对成员生产过程和产品质量予以监管，目前合作社生产的产品已经达到国家标准，取得了绿色食品认证。合作社社员的产品由合作社统一组织收购。2012 年合作社实现销售收入 250 万元，社员户均收入 3.5 万元，亩产、果品收购单价、户均收入均高出一般农户平均收入水平。具体情况如表 10-4 所示。

表 10-4　　　　　　　　精品梨农民专业合作社经营状况　　　　　　单位：万元

	预期产值	实际产值	利润
2011 年 7~12 月	100	120	15
2012 年 1~12 月	250	300	30
2013 年 1~6 月	580	600	60

合作社在收购社员产品过程中，由合作社社员与合作社签订书面合同，在价格上采取随行就市的方式决定产品价格，但价格一般高于市场价格。通常合作社社员的产品中有 80%以上是通过合作社销售的。下一步，合作社将通过加强管理、开拓市场、申请地理标识、发展乡村旅游等方式进一步发展壮大精品梨农民专业合作社。

10.2.4　利润分配情况

合作社的利润分配方案由社员代表大会讨论通过。目前，合作社收益分配的方式主要有：①以高于市场的价格收购社员的产品；②向社员提供免费的技术服务和品牌使用；③向社员以低于市场的价格提供农资；④向社员直接分配现金等；⑤按照《农民专业合作社法》和合作社章程的相关规定，该合作社按照社员与合作社之间的交易量（额）对社员进行"二次返利"；⑥如果社员向合作社缴纳股金，可获得的收益为按股分红。

10.2.5　案例评析

合作社成立伊始，无论是内部管理，还是市场营销，都有不规范、不健全的地方。然而，从长远来看，合作社要想发展得好，就必须尽快完善内部管理制度，拓宽市场销售渠道，培育市场核心竞争能力。

首先，在内部管理方面，合作社要有一位乐于奉献、敢于拼搏、能够带领广大群众致富的领头羊。与此同时，合作社内部还需要建章立制，完善相关规章制度。用制度管人管事，成本是最低的。邓小平同志说过，好的制度可以让坏人变好，坏的制度可以让好人变坏。德昌县精品梨农民专业合作社在制度建设和落实方面，做了大量工作，合作社先后制订了《组织人员自律制度》《民主考评组织人员绩效工资制度》《果品收购方案》等制度，实行"四个统一"（统一配方施肥、统一防治病虫害、统一管理技术、统一物资采购）标准化生产、统购直销和质量跟踪，着力打造精品梨品牌形象，这些探索和实践为合作社的发展壮大奠定了坚实的基础。

其次，合作社始终坚持以"抓质量求生存，创品牌谋发展"为根本思路，开发普通箱、礼品箱、精品箱三种包装，并注册"陈所坝"商标。合作社设置专业技术人员对成员生产过程和产品质量予以监管，目前合作社生产的产品已经达到国家标准，取得了绿色食品认证。这些做法，有利于培育产品的核心竞争力，拓宽市场销售渠道。

10.3 西昌市百门食用菌专业合作社

调研时间：2013 年 9 月 7 日
调研地点：西昌市西效乡北门村
调研人员：张千友、蔡光泽等
被访人员：刘建国（理事长）

10.3.1 基本情况

西昌市百门食用菌专业合作社于 2008 年 11 月 14 日在西昌市工商局登记注册成立，成员出资 34 万元，当初社员只有 5 户。同时完成了税务登记、组织机构代码、开户许可和申请商标注册等。合作社经过几年的探索和发展，坚持民办、民管、民受益的办社原则，以服务成员、谋求成员的共同利益为宗旨，实行自主经营、民主管理、利益共享、风险共担、入社自愿、退社自由。到 2013 年，社员由当初的 5 户发展到 129 户，成员出资由最初的 34 万增加到 360 万元（已通过工商变更登记），带动各乡镇的社员 1000 多户，现有种植面积 600 余亩，年产食用菌 150 余吨，年产值 120 余万元。食用菌种植基地也扩大到西郊、西乡、中坝、阿七等乡镇，并在西乡乡临河村建立分社，且实现了食用菌与葡萄的套种。

10.3.2 "社员+科技+资本+产加销项目"经营模式

合作社自成立以来，由于受到科技创新制种能力，标准化基地、规范产品加工转化能力和市场化拓展能力的制约，在前几年只能徘徊不前，无法跳出传统农业产销模式的制约。通过社员反复考察论证，下决心建立"社员+科技+资本+产加销项目"经营模式，增强合作社核心竞争力。合作社主要取得了以下发展业绩：

第一，目前合作社打造了三个百亩标准化食用菌园区，在 2013 年年底建成投产，年产量可达 1000 余吨，产值达到 350 余万元。

第二，成功实现了葡萄和食用菌的套种，西乡乡临河村分社的社员在葡萄园中套种食用菌，食用菌的产量和质量都较其他单独种植的要好，种植在食用菌地中的葡萄幼子坐果比其他单独种植的葡萄果实要丰硕，而且果实大小均匀。葡萄和球盖菇套种，不仅仅是单一地获得经济效益，更是一种物尽其用的循环种植模式。2011 年，在葡萄园中种植的菌种，2012 年 1 月份开始采菇出售，到 6 月还在继续出菇，社员投资 2000 多元，卖菌收入 7000 多元，已经获利 5000 多元，而且食用菌管理方便、产量大，已经成为农民致富的重要途径。

第三，合作社购买四辆微型冷藏车，用于运输销往各地的食用菌。

第四，合作社投资 700 多万元，新建食用菌菌种研发加工基地、深加工车间及冷藏冷冻库，使食用菌研发、种植、生产、加工、冷藏、储运及销售连成一体，同时为开展新品种研发、科学种植奠定良好的基础，并大幅度增加食用菌附加值，促进合作社健康发展，联合食用菌种植户打造凉山一流的食用菌产业联合体。

合作社明确未来工作计划。合作社通过召开社员会议明确下一步主要工作：一是合作社将继续发展食用菌与其他农作物的套种技术，实现食用菌与农作物的双丰收；二是野生菌作为一种天然绿色食品，营养价值和鲜美的味道深受老百姓喜爱，凉山作为野生菌的重要生产基地，野生菌可以发展成为凉山一大支柱产业，为了进一步打造"绿色大凉山"品牌，充分发挥食用菌的经济效益，合作社计划在本地野生菌上市的季节，将野生菌的收购、销售也纳入合作社的生产计划中。

10.3.3 坚持走品牌化道路，促进合作社健康发展[①]

据调查，合作社理事长刘建国与野生菌的不解之缘可以追溯到 20 世纪 90

---

① 寒梅. 野生食用菌专业合作社，坚持走"真"道路 [N]. 凉山日报，2013-08-21.

年代。自1990年起，他就开始接触野生菌了。在全国各大城市做野生菌生意的他2008年回到西昌，邀约了20几户人家一起种植食用菌，但由于2008年6月10日的一场天灾，这些种植户们的40多亩地被大水冲毁，最终只有5户人家不畏利益的亏损，坚持下来。在了解《农民专业合作社法》的相关法律法规以后，他们在2008年的11月正式注册登记，成立了百门食用菌专业合作社，并建立了基地。

随着合作社的发展，刘建国意识到，想要将合作社做大做强，就必须要走品牌化的道路。于是他开始不断地外出考察学习。他到过美国等地的上百亩大型种植基地，也去过国外批发食用菌的市场，不仅开阔了眼界，还将学习到的先进经验带回了西昌，与社员们共同分享。

10.3.4 多元化投资分配方案，让农民变股东

据刘建国介绍，整个合作社成功运作的核心，在于一套多元化的投资分配方案。当初，刘建国寻思：为了让农户们都满意自己的投资和利润分配，必须要弄好一套制度。在深思熟虑后，合作社拿出了一套投资分配方案：合作社要修建冻库和加工厂两个实体，并实行谁投资谁收益的方案，即所有投资管理者均实行风险和利益共担原则。

刘建国说，此明确而清晰的方案一经推出，合作社的社员便由最初加入"建设冻库和加工厂的三年计划"的36户变为了129户，投资也从最初的360万元发展到了1100万元。股份制的内部运作方案，让社员感到很满意，农民变身成为了股东，不分大户小户，公平对待。社员也可依据风险的大小、收益的多少、自身观点来决定是否参与投资，个人的选择得到尊重，操作也十分灵活。

10.3.5 实施产业化经营，延伸产业链条

为了解决产业链脱节、利益连接关系松散等问题，增强农民专业合作社的凝聚力，百门食用菌专业合作社抓住食用菌产品集中上市、产品容易供过于求这个特点，发起建立冻库和食用菌罐头厂两个实体项目。当食用菌产品供过于求、价格低迷的时候，合作社以成本价敞开收购社员产品，平抑市场价格，减少社员损失，并将收购到的产品存入冻库，展开后续加工，并获得加工环节的增值收益。现在合作社加工厂一共有六大品种的产品，其中以"野生食用菌罐头"为主，全都不添加任何防腐剂等化学工业上的成分，属于原汁原味的纯天然绿色食品，有益于人们的身体健康。其口感也是由社员们经过无数次地

品尝和摸索出的最佳口感。另外，罐头里的所有原材料也是由合作社自己生产及加工的，例如花椒、辣椒等，全是由种植户亲自种植、加工磨制而成，保障了原材料来源的优质。

关于对合作社及加工厂未来的规划，刘建国信心满满："第一当然是将得到了 QS 认证的产品大量地投放到市场中去；二是将向大城市的中高端消费市场挺进；三是加大基地投入，现在合作社共在安宁河畔租赁了 50 多亩地作为种植基地，并在盐源、木里等地有小型加工坊，以后要将现有的规模扩大到10 倍以上；四是将与成都等地的国家专业合作社进行跨地合作。"

10.3.6 案例评析

多元化投资分配方案有效地调动了社员入社的积极性。合作社最初属于弱势群体的联合组织，农民专业合作社是"农民抱团闯市场"的一种组织形式。然而，尽管在理论上，很多人认识到了加入合作社的很多好处，但是在实践层面，一些合作组织始终面临着高合作成本与低合作收益之间的突出矛盾[1]，社员参与合作社事务的积极性并不高，成立合作社以后，组织结构松散。西昌市百门食用菌专业合作社通过自身的摸索和实践，形成了一套多元化投资分配方案，使合作社事业呈现出蓬勃发展态势，激发了合作社社员参与合作社事务的积极性。该方案坚持责、权、利高度统一，"确立劳动、知识、技术和管理等生产要素按参与的贡献分配原则"，将"按劳分配"和"按要素分配"相结合，形成多元化的分配制度。这些分配思想，跳出传统合作社分配模式的思维定式，借鉴了公司分配制度的合理元素，明确了合作社资产项目的产权归属，做到"谁投资，谁受益，谁担责"三统一，避免了吃大锅饭、搭便车等长期困扰合作社发展的弊病，有效地调动了社员参与合作社事务的积极性。尤其是合作社在组织社员兴办各种实体项目上，西昌市百门食用菌专业合作社的做法值得借鉴。2012 年年底，浙江大学教授徐旭初[2]在凉山州合作社调研中，对百门食用菌合作社的分配投资模式给了"具有显著的创新性，是一种值得向广大合作社推荐的运营模式"的高度评价。

---

① 贺雪峰. 经济合作组织：高合作成本低合作收益如何解决 [J]. 人民论坛, 2006 (17).

② 徐旭初，男，1962 年 9 月出生，江苏省扬州市人，中共党员，浙江大学中国农村发展研究院教授，杭州电子科技大学人文学院教授，浙江大学管理学院博士后，浙江大学中国农村发展研究院（CARD）中国农民合作组织研究中心（CCFC）执行主任，技术经济与管理专业硕士生导师。

10.3.7 附件：合作社分配制度和分配方案

《西昌市百门食用菌专业合作社投资分配制度和分配方案决议》

我社将努力跳出传统农业产销模式的制约，努力做大做强，站稳市场，走合作化的道路，走品牌发展的道路。随后合作社还须继续投资 400 余万元，全力打造三个百亩标准化食用菌园区，预计在 2013 年年底建成。最终真正实现按"确立劳动、知识、技术和管理等生产要素按参与的贡献分配原则""按劳分配"和"按要素分配"相结合的多元化分配制度进行分配，从而获得合作社的长久可持续发展。

现经全体社员同意形成以下投资分配制度和分配方案决议：

一、合作社投资分配制度

（1）所有社员均享有谁投资谁受益权利，但其所投固定资产必须由合作社统一管理统一运作，且合作社全体社员均享有低于同等市场价 10%～20% 租金的优先使用权。在其闲余时间才可以对外出租。

（2）机械、厂房、冷冻保鲜库等设施设备如果得到国家资金帮扶时，其帮扶资金的使用受益权也由其单项投资人享有，即谁投资谁受益；但是任何单项投资者中途退社时，该投资者不再继续享有该帮扶资金使用受益权。该帮扶资金所有权益归合作社集体享有。

（3）合作社其他项目投资须召开会议，由理事长牵头召开，经监事会通过后，再传达给全体社员。并且仍然是谁投资谁受益，赚亏归投资人自己。如项目资金超过 100 万元时，则按总额量化（每人都有）的原则，在金额不足时，社员可以通过亲人朋友借够资金。如果仍然无法筹集全款，此时方可向社会集资，其出资人享有和社员相同待遇。

二、合作社投资分配方案

原则上采取单项投资单项分配，买来卖的任何物品，无论多少人参与，其均应将税后利润的 10% 交与合作社作为其办公管理、培训学习、外出考察等福利费用；剩余部分全部按谁投资谁受益原则分配，一次性分配。

具体细则如下：

加工厂（罐头厂）投资利润分配方案

全部分配按税后百分比计算（总数 100%）：

所有投资管理者均实行风险、利益共担原则（实行谁投资谁受益的原则）。

具体方案如下：

（1）加工厂收入税后利润的 10% 将用于社员培训学习、基本福利及后勤办公费用。

（2）加工厂收入税后利润的 10% 将用于研发人员和普通员工的福利和奖金。

（3）加工厂收入税后利润的 10% 将用于投资厂房及机器设备。

（4）加工厂收入税后利润的 20% 作为厂长和经理的奖金。

（5）加工厂收入税后利润的 50% 作为工厂实际投资者的收入分配和后期工厂流动备用资金。

具体如图 10-1 所示。

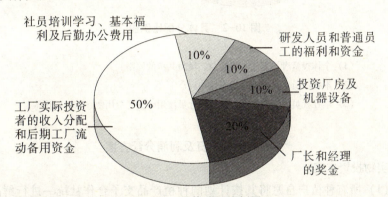

图 10-1　具体分配比例图

注：全体投资者均需要本着利益、风险共担的原则。

冻库投资利润分配方案

全部分配按税后百分比计算（总数 100%）：

所有投资管理者均实行风险、利益共担原则（实行谁投资谁受益的原则）。

具体方案如下：

（1）冻库收入税后利润的 90% 将用于冻库实际投资者的收入分配和后期冻库管理流动备用资金。

（2）冻库收入税后利润的 10% 将用于社员培训学习、基本福利及后勤办公费用。

具体如图 10-2 所示。

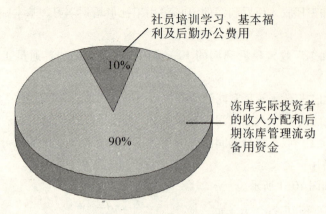

社员培训学习、基本福利及后勤办公费用

10%

冻库实际投资者的收入分配和后期冻库管理流动备用资金

90%

图 10-2　具体分配比例图

注:
(1) 全体投资者均需要本着利益、风险共担的原则。
(2) 本社社员对冻库享有优先使用权。
(3) 本社社员对冻库享有比其他非社员使用时支付费用便宜 10% 的优待。

种植户实物投资及利润分配方案

实物投资方案:

(1) 所有种植户自愿将其按计划的种植产品交予合作社统一进行鲜品直接销售或深加工销售,其种植产品按平均市场采购价折换现金计入收购成本。

(2) 如果种植户选择将种植产品交予合作社进行实物投资(即不马上领走折算后现金),均享有二次利润分配待遇。

二次利润分配方案如下:

全部分配按税后百分比计算(总数 100%):

所有投资管理者均实行风险、利益共担原则(实行谁投资谁受益的原则)。

具体方案如下(分为 A、B 两方案):

A 方案:实物投资为鲜品直接销售时。

(1) 实物销售收入税后利润的 10% 作为社员培训学习、基本福利及后勤办公费用。

(2) 实物销售收入税后利润的 10% 作为销售人员奖金。

(3) 实物销售收入税后利润的 10% 作为销售经理及管理人员的提成奖金。

(4) 实物销售收入税后利润的 10% 作为科研费用。

(5) 实物销售收入税后利润的 60% 作为实物投资者的二次利润分配。

具体如图 10-3 所示。

B 方案：参照工厂投资分配方案具体实施。

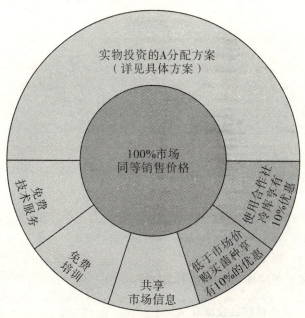

图 10-3　具体分配比例图

11 其他类农民专业合作社

11.1 会东县农民专业合作社联合会

调研时间：2013 年 10 月 28 日
调研地点：会东县
调研人员：张千友
调研对象：董应林、朱富华等

11.1.1 合作社联合会成立情况

为了增强会东县各农民专业合作社的凝聚力和市场竞争力，做大做强农民专业合作社，将其产品推向市场，使其在竞争激烈的市场中赢得一席之地，在会东县农业和科学技术局的引导下，由会东万利种养专业合作社、会东县兴龙梅花鹿养殖专业合作社、会东县生态鸡养殖专业合作社、会东县兴民养殖专业合作社、会东县忠成种养专业合作社、会东县崇兴食品厂、会东县正红石榴专业合作社、凉山州鲁峰金银花专业合作社、会东县金沙冬马铃薯专业合作社、会东县惠康中药材种植专业合作社 10 家合作社，于 2012 年 12 月 4 日召开设立大会，筹建"会东县农民专业合作社联合会"，并在街面设立农特产品总汇门市一个。

联合会的成员全部是会东县境内的农民专业合作社。合作社联合会坚持实行入会自愿，退会自由；利益共享，风险共担的原则。联合会以成员为主要服务对象，依法为成员提供合作社市场信息。主要经营范围是：协调全县合作社健康发展，监管会东县农民专业合作社农特产品总汇。

11.1.2 合作社联合会的成员

会东县合作社联合会实行会员资格制，凡是自愿加入联合会并按规定交纳会费的农民专业合作社都可成为联合会会员，其产品都可进入联合会的展销平台销售，享有相关权利，承担相应责任。在合作社联合会办会初期，会员年会费基数为 500 元，多交不限，上不封顶。根据合作社联合会章程规定，联合会成员享有以下权利：

（1）参加成员大会，并享有表决权、选举权和被选举权；

（2）利用本会提供的服务和生产经营设施；

（3）按照本章程规定或者成员大会决议分享本会盈余；

（4）查阅本会章程、成员名册、成员大会记录、理事会会议决议、监事会会议决议、财务会计报告和会计账簿；

（5）对本会的工作提出质询、批评和建议；

（6）提议召开临时成员大会；

（7）自由提出退社声明，依照本章程规定退出本会；

（8）成员共同议决的其他权利。

同时合作社联合会的成员应尽以下义务：

（1）遵守本会章程和各项规章制度，执行成员大会和理事会的决议；

（2）按照章程规定向本会出资；

（3）积极参加本会各项业务活动，接受本会提供的技术指导，按照本会规定的质量标准和生产技术规程从事生产，履行与本会签订的业务合同，发扬互助协作精神，谋求共同发展；

（4）维护本会利益，爱护生产经营设施，保护本会成员共有财产；

（5）不从事损害本会成员共同利益的活动；

（6）不得以其对本会或者本会其他成员所拥有的债权，抵销已认购或已认购但尚未缴清的出资额；不得以已缴纳的出资额，抵销其对本会或者本会其他成员的债务；

（7）承担本会的亏损；

（8）成员共同议决的其他义务。

合作社联合会章程还规定，成员要求退会的，须在会计年度终了的三个月前向理事会提出书面声明，方可办理退会手续；其中，团体成员退会的，须在会计年度终了的六个月前提出。退会成员的成员资格于该会计年度结束时终止。资格终止的成员须分摊资格终止前本会的亏损及债务。

针对成员资格终止的情况，合作社联合会要求在该会计年度决算后两个月内，退还记载在该成员账户内的出资额和公积金份额。如本会经营盈余，按照本章程规定返还其相应的盈余所得；如经营亏损，扣除其应分摊的亏损金额。

同时，合作社联合会还要求，成员在其资格终止前与本会已订立的业务合同应当继续履行。

11.1.3　合作社联合会的内部管理

2012 年 12 月 31 日，会东县农民专业合作社联合会经县民政局批准成立。根据会东县农民专业合作社的发展情况，为了进一步加强合作社内部管理，走上规范化发展轨道，增强其市场竞争能力，合作社联合会章程对联合会内部治理方式进行了明确的要求。这主要包括：

（一）理事会和监事会

联合会实行理事会负责制，并设监事会，对理事会的各项工作进行监督。理事会成员在所有会员中选举产生，由五至九人组成，设理事长一人；理事长在理事会成员中选举产生，任期一年，可连选连任。监事会在全体会员中选举产生，由三至五人组成，设监事长一人，任期一年，可连选连任。

会东县农民专业合作社联合会实行理事会负责制，理事长为法定代表人，负责联合会的全面工作。监事会对联合会的各项工作进行监督。

理事会、监事会的职责如下：

理事会的职责主要有：①制定联合会的经营方针和各项管理制度。②制定年度收益分配方案及积累资金、工作经费的提取比例。③负责联合会工作人员的招聘、解聘及待遇的确定。④负责组织召开理事会全体会议和会员代表大会。

监事会的职责主要有：①负责监督理事会的各项工作，提出合理化建议。②定期或不定期对产品总汇的财务收支情况进行监督检查。③配合理事会搞好联合会的经营管理。

（二）会员产品的质量要求与定价方法

会员的产品进入联合会，必须保质保量，货真价实，保证农产品质量检测安全，做到不欺客，维护总汇的名誉和消费者的利益。若发生质量、数量及其他问题，各家的产品除各自承担应有的经济和法律责任外，同时取消其会员资格，并全县通报。

进入联合会的农特产品，各家根据各自的成本核算，必须定出入汇价、批发价、零售价。联合会根据各会员产品的销售情况，一月一结算，按入汇价结算返还销售资金，价差部分归属联合会收入，年底分红。

（三）联合会利润分配方式

凡是加入联合会的农民专业合作社，其产品无论是批发或是零售，只要是通过联合会联系或销售的，利差部分都得交给联合会，属联合会所有，年终统一进行分配。

联合会每年获得的净收益，除按一定比例提取积累资金和工作经费外，其余部分全部纳入分配。在收益分配上，采取按会费基数加销售额的方式计算分红。积累资金和工作经费的提取比例，由理事会全体成员或会员代表大会讨论决定。每年的12月31日为联合会的结算分配日。

（四）联合会工作人员的聘用及其薪酬制度

理事长实行业绩与奖惩挂钩制，每年按纯利润总额的40%计算提取奖励工资，若发生亏损，由理事长全额承担。工作人员的工资，实行基本工资加提成的工资制度，按月计算发放。提成工资部分按上月销售业绩计算。

联合会工作人员的招聘、解聘，基本工资和提成比例，由理事长提名、提议，交由理事会讨论决定。

（五）产品的营销方式

为了鼓励各专业合作社积极加入联合会，送展送销自己的产品，对那些季节性强的产品，联合会要妥善安排临时性展柜，并作好宣传，做到长期产品与短期季节性产品相结合。

11.1.4　会东县农民专业合作社联合会服务公约

为了加强合作社联合会的内部管理，规范联合会会员行为，约束联合会营业员的行为，会东县农民专业合作社联合会特制订了以下服务公约：

一、总纲

联合会总纲：以服务会员为宗旨，以方便顾客为理念，以本县农民专业合作社健康发展、增加农民收入为目的。

二、对会员的要求

（1）讲究信用，真诚待人，不投机取巧，以正当手段，求取合法利益。

（2）成员之间，本着互助合作的精神，取长补短，携手共同发展，不得相互拆台。

三、对营业员的要求

（1）端身正行，以良好的衣着形象、健康的精神面貌出现在客商面前。

（2）进入总汇的成员，不分亲疏，不分大小，都以平等心对待。

（3）进入总汇的顾客，不论其购不购买产品，都以恭敬心对待，笑脸迎送。

（4）以谦逊心对待同事，和睦相处。

11.1.5　案例评析

我国农民专业合作社规模偏小、发展不成熟是其普遍现象，许多合作社的实践者为此感到十分困惑。据统计，我国 30 人以下的合作社占 65%，经营收入在 50 万元以下的合作社占多数，这些合作社发展壮大十分困难，对市场的影响力极为有限，难以带动社员增收。此外，合作社产业发展单一，内部管理制度不健全，主要靠个人的权威来维持管理，严重缺乏经营合作社的专业人才也是制约合作社发展的重要因素。合作社发展同时面临着融资、贷款困难，难以获得资金支持，无法有效开展业务活动。诸如此类，如何有效地克服这些问题，是农民专业合作社能否健康发展的关键。[①] 2014 年中央一号文件提出："推进财政支持农民合作社创新试点，引导发展农民专业合作社联合社。"[②] 这为农民专业合作社走向新的联合指明了方向。

农民专业合作社联合社是由两个以上同类或关联性的农民专业合作社自愿联合、依法设立的互助性经济组织。从目前的发展情况来看，主要有以下几种形式：同行业的农民专业合作社自愿联合组建的同业型农民专业合作社联合社，同地区的不同行业的农民专业合作社自愿联合组建的同域型农民专业合作社联合社，同地区的不同行业的农民专业合作社为开展某项服务活动而自愿联合组建的同项型农民专业合作社联合社。农民专业合作社联合社是农民专业合作社在更大范围、更高层次上又一次深度合作，关于农民专业合作社联合社的主攻方向有：共创产品品牌，共办加工实体，共拓直销市场，共推信用合作等。[③] 会东县农民专业合作社联合会的探索和实践为山区农民专业合作社的发展提供了很好的范例，具有重要的启发意义。

第一，联合社是介于单个合作社与市场之间的一条中间道路。从经济学意义上说，合作社作为一种经济组织，可以从交易成本的角度来分析合作社存在的本质。什么是交易成本呢？新制度经济学派的鼻祖科斯认为，任何交易都可以看成交易双方所达成的一项契约。所谓交易成本可以看成围绕交易契约所产生的成本。根据科斯等人的观点，一类交易成本产生于签约时交易双方面临的偶然因素所带来的损失。这些偶然因素或者是由于事先不可能被预见到而未写进契约，或者虽然能被预见到，但由于因素太多而无法写进契约。另一类交易

---

① 朱启臻. 农民专业合作社的发展方向 [J]. 农业技术与装备, 2013 (13).
② 关于全面深化农村改革加快推进农业现代化的若干意见 [N]. 经济日报, 2014-01-20.
③ 杨群义. 关于发展农民专业合作社联合社的探讨 [J]. 中国合作经济, 2012 (4): 55-56.

成本是签订契约，以及监督和执行契约所花费的成本。从新制度经济学角度来看，合作社的本质是什么？或者说，合作社为什么会存在呢？在一些西方经济学家看来，合作社作为生产的一种组织形式，在一定程度上和一般企业一样，是对市场的一种替代。可以设想两种极端的情况。在一种极端的情况下，每一种生产都由单独的个人来完成，如一个人制造一辆汽车。这样，这个人就要和很多的中间产品的供应商进行交易，而且，还要和自己的产品的需求者进行交易。在这种情况下，所有的交易都通过市场在很多个人之间进行。在另一种极端的情况下，经济中所有的生产都在一个庞大的企业内部进行，如完整的汽车在这个组织内部被生产出来，不需要通过市场进行任何的中间产品的交易。由此可见，同一笔交易，既可以通过市场的组织形式来进行，也可以通过企业或者合作社的组织形式来进行。合作社之所以存在，或者说，合作社和市场之所以同时并存，是因为有的交易在企业内部进行成本更低，而有的交易在市场进行成本更低。① 那么合作社联合社的存在则同样说明在合作社与市场之间还存在一个中间地带，换句话说，对于单个合作社，某一笔交易在合作社内部交易或者通过市场交易都不是最理想的选择，这时他们想到了合作社联合社这一中间道路。

第二，联合社是提高农民组织化程度的有效途径。会东县农科局以及林业局等部门领导敏锐地观察到在面对大市场的背景下，分散的合作社与分散的小农户并无本质的区别，这也是农民对合作社缺乏热情的重要原因，也是诸多小合作社有名无实的重要原因。合作社必须走联合的道路。他们适时推动会东县农民专业合作社之间进行多领域、多方式的联营与合作，促进合作社走向联合，有效形成了规模优势，加快了主导产业的培育与壮大。只有把诸多合作社联合起来，形成规模大、覆盖农户范围广泛的联合社，合作社才能有定价权，获得谈判地位。在农资购买、农产品销售过程中合作社均取得主动地位。因此，合作社的发展要克服追求数量的倾向，要重视规模和对农户的覆盖面。有学者提出，发展联合社最好以县为单位，每个县设一个联合社，这样可以适应合作社走向联合的趋势，最大限度把农民联合起来，提高其组织程度。②

第三，联合社的"综合性"。从会东县合作社联合会的实践看出，联合社已经突破专业合作社的某些条款，不再局限于"同类农产品生产者"的联合，无论是合作社的成员构成还是服务内容都体现出多元性和综合性。首先，联合

---

① 高鸿业. 西方经济学（微观部分）[M]. 5 版. 北京：中国人民大学出版社，2010：99-100.

② 朱启臻. 农民专业合作社的发展方向 [J]. 农业技术与装备，2013 (13).

社成员构成具有多元性，农户有种植金银花的，也有种植葡萄的，既有养殖梅花鹿的，也有养殖野猪的，还可能一个农户今年种大豆，明年就会种玉米，还可能同时种植水稻，要求农民按照种植内容参加不同的合作社或频繁更换合作社既不现实，也无必要。联合社以地域为单位，统筹该区域内所有类型的专业合作社，其成员必然呈现出多样性特征。其次，联合社表现出服务的综合性，与服务对象的多样性相适应，其服务内容必然是综合性的。它既包括多种种植业的生产服务，也包括养殖业的生产服务；既包括销售服务，也包括金融服务；既有技术推广服务，也会发展出社员的生活服务。总之合作社联合社的服务内容是依据专业合作社及其社员的要求而确定的。

第四，政府的支持与帮助。当然，农民专业合作社自愿联合组建农民专业合作社联合社应当是一个理性的经济行为，而不是一个行政捏合的产物，要让内因起着绝对性的作用。但同时也应该看到，在合作社的发展过程中离不开政府的引导、扶持和规范，在合作社基础上发展起来的联合社更需要地方政府的引导和扶持。目前，农民联合社的发展已经表现出了强大的生命力，但还处在探索阶段，不仅没有现成的运行模式，也没有可遵循的法律规范。因此，急需相关职能部门予以确认和正确引导，如明确联合社的组织构成、职能、联合社与专业合作社的关系、政府相关部门与联合社的关系等。从会东县合作社联合社的发展看，联合社的功能远远不止在合作社经营和农户经济利益实现方面，联合社的运行不仅对农业产业链条的延伸和农业资源整合产生着重要影响，同时也会对整个社会结构产生影响，如乡镇以及村的经济职能会转移到联合社，村委会与合作社的关系、乡镇与合作社的关系等均需要重新定位。

11.2 会东县兴龙梅花鹿养殖合作社

调研时间：2013 年 10 月 28 日

调研地点：会东县岔河镇龙滩村

调研人员：张千友

调研对象：李兴龙（理事长）

11.2.1 基本情况

会东县兴龙梅花鹿养殖合作社成立于 2009 年 10 月，当初由养殖大户李兴龙发起成立。目前合作社已经发展到社员 80 户，其中核心社员 3 户，带动周边农户近百户。合作社主要从事梅花鹿的养殖，以及梅花鹿相关产品的加工和销售。合作社注册资金为 480 余万元，股金（含实物股）总额达到了 600 余万元。合作社股金相对比较集中，出资最多的前三名社员累计出资 460 万元，占到 95.44%；前十名社员累计出资达到 462.1 万元，占到 95.87%；认购股金最少的社员每户出资 2000 元，有近 50 户，只缴纳工本费或者未出资的社员有近 20 户。

11.2.2　合作社的管理状况

合作社"三会"制度健全。理事会成员共计 6 人，具体出资情况如表 11-1 所示。合作社理事会成员在合作社领取工资，平均工资水平为 30 000 元/年。除了工资以外，合作社理事会成员的收入构成主要是销售产品收入以及按股分红。

表 11-1　　　会东县兴龙梅花鹿养殖合作社理事会成员
生产经营及出资情况

	理事长	副理事长 1	副理事长 2	理事 3	理事 4	理事 5
是否生产大户	是		是	是		
是否贩销大户	是		是	是		
出资额（万元）	380	60	20	0.2	0.2	0.2

合作社设置的监事会机构，监事会由 3 名成员组成，平均每年召开 2 次监事会会议。合作社平均每一年召开 2 次社员大会，共同讨论决定相关重大事宜。合作社遇到需要通过投票来进行事务决策时，投票的方式是"一人一票"。合作社在章程修订，选举或者罢免理事长、理事会成员，选举监事会成员，经理的聘任等事项的决策上，通过全体社员一人一票的方式进行决策。

11.2.3　经营状况

目前，合作社生产资料的供应渠道主要是由社员向合作社提出农资申请，并预付资金，由合作社统一购买后发放给社员。

合作社在组织广大社员养殖梅花鹿的过程中，提供免费技术培训及服务。合作社设置专门的技术人员对成员养殖梅花鹿的操作规程进行指导，对饲养过程和产品质量予以监管。目前，合作社产品的质量标准由合作社自行控制。合作社理事长李兴龙为了让更多的农户掌握梅花鹿的养殖技术，共同走上致富的道路，除了向乡亲们介绍梅花鹿的养殖经验外，还把自己多年的养殖心得编写成了《梅花鹿养殖技术》一书，无偿赠送给合作社成员。

为了把梅花鹿养殖规模做大、做强，有效满足市场对梅花鹿产品的需求，合作社理事长李兴龙在会东县县城经营了一家梅花鹿产品专销店，生意挺不错。据他介绍："从几年的实践和目前的效益来看，我选择养殖梅花鹿这条致富路子是完全正确的。"眼下，合作社社员的产品主要由社员自己负责销售，也可以选择交售给合作社，合作社将按照优于市场的价格收购社员产品。合作社近两年的经营状况如表 11-2 所示。

表 11-2　　　　　　　　**会东县兴龙梅花鹿养殖合作社经营状况**　　　　　单位：万元

时间	预期产值	实际产值	利润
2011 年 7~12 月	100	70	50
2012 年 1~12 月	250	110	70
2013 年 1~6 月	300	208	70

11.2.4　利润分配情况

合作社的利润分配方案由社员大会表决通过后，在合作社内部执行。合作社分配收益的方式主要有：①以高于市场的价格收购社员的产品；②提供免费的技术服务和品牌使用；③在年底，合作社对社员"二次返利"；④如果社员向合作社缴纳股金，可以获得的收益包括按股分红和按照交易额返还利润等。

11.2.5　案例评析

在调查中，笔者注意到，会东县兴龙梅花鹿养殖合作社的特色在于通过经营"梅花鹿生态食府""合作社产品销售门市"等实体，延伸了合作社经营的产业链条，获得了餐饮加工环节和产品销售环节产生的增值收益。

长期以来，农业生产比较效益低下。与城市用工工价相比，农业劳动日工价也长期偏低，这导致大量农村青壮年劳动力向城市转移，纷纷到二、三产业就业，农业劳动力呈现老龄化趋势。如何吸引和培养有知识、会经营、懂技术的新型职业农民参与到农业生产中来，一方面需要依靠土地等生产要素适度集中，实现规模经营，从而提高农业生产效率，实现农业劳动日工价逼近甚至超过城市务工工价。另一方面，通过发展现代农业，延伸农业生产价值链条，走"接二连三"的道路，也是提高农业生产比较效益的有效途径。所谓"接二"，是指借助合作社、家庭农场、种养大户等经营实体，大力发展农产品加工业。比如发展生态食府，提供从田间到餐桌全产业链的产品以及劳务；比如对农产品进行简单的包装以及加工，在会东县兴龙梅花鹿养殖合作社，采取购买燕麦，酿制白酒，酒糟用作喂养梅花鹿的饲料，白酒制作成鹿血酒、鹿茸酒，包装成礼盒销售，一举多得，收益颇丰。所谓"连三"，就是发展休闲观光农业，在农村发展第三产业，发挥合作社种养规模大、劳动力资源丰富、资金实力雄厚等优势，发展吃、住、行、游、购、娱一体化的观光农业、体验农业等。

11.3　冕宁县农旺合作社

2014 年年初，冕宁县农旺合作社因给社员派发大量分红现金，累成钱墙，而一夜成名，《华西都市报》等多家媒体竞相报道[1]，引来众多目光。

11.3.1　建设村的基本情况

冕宁县建设村位于县城南部，距县城 5 公里，冕先路从北到南贯穿全村，交通便捷，地理位置优越。全村面积为 7.6 平方公里，辖 5 个村民小组，483 户，1803 人，耕地面积达 2130 亩。2009 年粮食总产量为 90 万公斤，农民人均纯收入 6180 元。村支部有党员 48 人，党小组 5 个，2010 年被确定为凉山州新农村建设示范村。2010 年粮食总产量达 120 万公斤，农民人均纯收入为10 648元。

11.3.2　合作社的经营模式

2014 年 1 月 14 日，凉山州冕宁县复兴镇建设村召开合作社分红大会，将1311.5 万元人民币现金现场分给 340 余户入股村民。建设村这 1300 多万元来自哪里？具体是如何分配的？

这些钱主要是入股合作社获得的投资收益。据调查，建设村建设模式为新村建设，实行业主投资负责。金洪元说，建设村探索出了"农户+合作社+农户"的土地流转新模式，就是让村民入股。2010 年村里成立了农旺合作社，

---

① 徐湘东. "土豪"分红，1300 万垛在地上发 [N]. 华西都市报，2014-01-15. 徐湘东. 1300 多万哪里来？养猪、种菜、投资工业 [N]. 华西都市报，2014-01-16.

下设种养殖公司和投资公司两家实体项目，目前有 340 多户村民通过土地入股、资金入股和贷款入股的方式加入了该合作社。目前，合作社有 120 亩蔬菜大棚、1800 亩水果基地、超过 2000 头猪的养殖基地，此外，还投资了水电工业。这 1300 多万元中，种植收入约占 10%，养殖收入占 20%，工业投资所占收益最大，达到了 70%。

合作社从 2011 年开始给入股村民进行分红，当年总额是 500 多万元，2012 年为 800 多万元，到 2013 年就涨到了 1311.5 万元。

11.3.3 收益分配方式

合作社收益的分配方式主要是按股分红，入股越多收益越高。对于分红如何分配，村民金瓯举了个例子：一亩地加入合作社，就相当于入股 26 500 元，每年以 20% 的返还比例给村民分红，每亩地的年产值就达到了 5000 元，效益很可观。加上土地入股、现金入股和贷款入股，金瓯一共入股 210 万元。此次分红，金瓯领到了 30 万元。算上近三年的分红，一共有 60 万元。据了解，分红的金额是根据入股时的资金进行计算，入股金额越多，年终分红就越多。所以，大部分村民领到钱后，会选择继续入股，以赚取更多收益。目前，全村村民入股金额达到了 8000 万元。

11.3.4 案例评析

冕宁县农旺合作社通过"农户+合作社+农户"的土地流转模式，开展新农村建设，让广大社员分享改革开放带来的胜利果实。然而，从合作社的分红资金来源可以看出，分红资金主要并不是来自农业生产领域。以 2013 年为例，在分红的 1300 多万元中，种植收入约占 10%，养殖收入占 20%，工业投资所占收益最大，达到了 70%。建设村的致富模式，能否复制，应用在其他地方？对此，四川省社科院教授胡光伟认为：能给村民发钱，这是实实在在的实惠，村民的确富起来了；通过土地流转等形式，成立合作社入股分红，在当地来看是可行的，但是如果放在其他地方，这个就不好说了，其他地方能不能复制这种模式，还要继续观察、研究，需要特别谨慎。

该合作社还留给笔者另外一个启示，建设村探索了在水电资源富集地区如何让当地群众分享资源开发带来的收益。俗话说"靠山吃山，靠水吃水"，从经济学意义上说，就是要实现资源富集地区居民平等参与资源开发形成的红利。凉山彝族自治州拥有富甲天下的水电资源①，然而这里也是全国集中连片的特困地区——乌蒙山片区的核心地带，尤其是大凉山彝区。这些地区贫困程度深，贫困类型综合，贫困面积广，是扶贫攻坚难啃的硬骨头。这些地方久扶不脱贫，脱贫后又返贫，其中原因固然十分复杂，一个重要原因在于这些地区长期以来资源开发模式属于拿走的多，留下的少，往往形成"财富拿走，贫穷留下""资源拿走，污染留下"，资源富集地区陷入"资源诅咒陷阱"难以自拔。在水电开发过程中，库区老百姓获得的也仅仅是搬迁费用和赔偿，没有分享资源后续开发中的长期收益，在人力资本、基础设施等方面投入不足，始终徘徊在市场经济边缘，无法分享现代化带来的福利。而冕宁县建设村利用合作社这一平台，将广大农民组织起来，投资水电开发等具有区域优势的工业项目，获得了巨大的增值收益，占到合作社收益的七成以上，从而让广大合作社社员分享资源持续开发过程中产生的红利。不仅如此，他们又将社员手中的闲散资金集中起来，投资蔬菜大棚、水果基地等现代设施农业，改善乡村基础设施建设，从而跳出了资源开发恶性循环的怪圈。笔者相信，只要农旺合作社稳妥地选择市场项目，合理引导社员投资，一定能够征服"资源诅咒陷阱"，带领广大社员群众率先建成小康社会。

11.4 会东县台资合办的农民专业合作社②③

调研时间：2013 年 10 月 29 日
调研地点：会东县江西街乡扎塘村 6 组
调研人员：张千友
调研对象：张宝元（理事长）

---

① 凉山拥有占全国 10.5% 的水能资源总量和 13.1% 的可开发量，水能资源蕴藏总量达到 7100 万千瓦，可开发量为 4952 万千瓦，水能资源模数为 1181 千瓦/平方公里。假如把这些可开发的水能资源全部开发出来，每年可发电 2279 亿度，相当于 3 个三峡电站的发电量，全国平均每人可用 230 度。凉山每平方公里可开发电力达 337 万千瓦，是世界平均水平的 48 倍，是全国水平的 4.4 倍，比号称世界水能资源密度最大的瑞士还大 3.7 倍。转引自：四川在线，水电资源富甲天下，凉山倾力打造中国水电王国 [N]. 四川日报，2004-08-04.

② 方天富. 住在深山养野猪的台湾人 [EB/OL]. [2011-08-09]. http: //nyj. schd. gov. cn/ArticleShow. aspx? ArticleID=30bac364-3b4c-49bd-a250-991eb3d5e1c6.

③ 方天富. 台资合办的农民专业合作社 [EB/OL]. [2011-08-11]. http: //nyj. schd. gov. cn/ArticleShow. aspx? ArticleID=cd4ad3e1-03c9-4245-85f6-260373626e08.

11.4.1 基本情况

2009 年 12 月，经会东县农科局登记、工商局注册，该县第一个由台商与本地农民企业家合股的农民专业合作社——"会东县宝园生态种养专业合作社"诞生了，共投入资金 550 多万元。由台商张宝园任合作社董事长，本地农民企业家徐实林任理事长。

合作社位于会东县江西街乡扎塘村 6 社海拔高达 2350 米的林区邱家坪子，占地面积 1.2 万亩，环境优美，方圆 30 公里范围内没有工、矿等企业污染。该社不仅是会东县唯一的一家由当地农民和台商合资成立的农民专业合作社，也是唯一的一家在林区把野生动物养殖、林产品经营、种植业合为一体的合作社。合作社重点养殖特种野猪、七彩山鸡；栽种华山松、杉树等林木；种植中药材和七彩洋芋。

11.4.2 经营管理模式及成效

合作社成立后，先后组织技术人员到云南、山东等省进行考察学习，并定期组织农户进行技术培训。合作社始终坚持走无公害种植、养殖的发展模式。七彩山鸡及野猪的喂养以玉米、牧草为主，不喂养催肥素、添加剂等饲料。为了使养殖的野猪瘦肉更多，肉质更细嫩可口，营养更丰富，合作社还专门修建了野生动物运动场，定时将野猪赶到运动场上锻炼体质。在农作物种植上，不打农药，不施除草剂和化学肥料，以猪粪等农家肥为主。

合作社从 2009 年成立至今，共投资固定资产 460 万元；野生动物养殖场达 8600 平方米；养殖野猪 5000 多头，七彩山鸡 16 000 多只；蓄水池有 6 个；栽种松子高产示范林 1600 亩，杉木大径材示范林 3100 亩，华山松无性系种子园 200 亩，软叶铁厂杉（德昌杉）无性系种子园 50 亩；试种 "8518" 核桃 50 亩，林下中药材 300 亩，茯苓 12 亩；种植牧草 100 亩，七彩洋芋 90 亩；正在修建中的酒厂一个。经营服务收入达 512.53 万元，返还社员收益 67.35 万元，利润总额达 121.15 万元。合作社成员由原 53 户增加到了 308 户。2010 年会员户均纯收入达 6315 元，高于江西街乡农民人均纯收入 5250 元的 20.29%。

经过两年多的摸索、实践，该社建立了职工岗位职责、生产管理制度、收购营销制度、收益分配以及财务管理制度；总结了一套在养殖、种植、沼气、加工等项目之间资源循环利用的经验；摸索出合作社与农户之间"六统一"的管理模式，即统一种源、统一饲料配置、统一养殖技术、统一疫病防治、统一质量标准、统一组织销售。2009 年，该社被评为四川省省级示范合作社。

11.4.3　未来发展规划

在谈到未来的打算时，合作社理事长徐实林说："今明两年，计划在现有林的基础上再投资140万元，建设1000亩华山松种子采种基地，2000亩杉木种子园及采穗圃；发展农户养殖野猪及七彩山鸡1200户，野猪年出栏增加2000头，七彩山鸡年出栏增加20 000只。力争建成四川省优质华山松种子基地；凉山州七彩山鸡、野猪种源供应基地；会东县杉木采种及采穗区。"

据合作社董事长张宝园介绍，会东县宝园生态种养专业合作社的发展"三部曲"为：短期、中期、长期，场、园、城三结合。

第一部曲，短期规划，场的发展阶段。今明两年在进一步扩大场的养殖规模的同时，发展农户养殖，即把小野猪分给农户喂养，签订产品回收合同。这样，不仅解决了合作社养殖场内畜圈紧张的问题，节省了资金，也使周边的农户增加了收入。按每户养殖三头野猪计算，每年可增加收入6000来元。争取在今明两年内发展农户养殖200户，带动该地方特种养殖业的发展。通过五年时间的努力，力争每年出栏野猪3000头左右，七彩山鸡10 000只左右。

第二部曲，中期规划，园的发展阶段。在搞好养殖场发展的同时，加大种植场的发展力度，充分发挥种养殖互补的优势，并在此期间建设一个酒厂。在场的基础上发展休闲观光农业。

第三部曲，长期规划，城的发展阶段。在园的基础上，把地方文化放进去，将火把节、彝族年等有地方特色的节日与休闲农业相结合。一句话，让到这里来的人，有吃的、看的、玩的、住的和买的。

从2009年投资以来，已四年多时间了，张宝园这个台湾人放弃了台湾舒适的生活环境，吃住在凉山州会东县江西街乡的海拔达2350米的邱家坪子和老鹰岩这两座大山的万亩林海里，与他的野猪为伴，野鸡为伍。他虽然有时也会感到孤独和寂寞，但当看到自己付出的心血在这深山中一点点变成财富时，心里就有一种说不出来的高兴和喜悦。

目前，虽然还是第一部曲，处在场的发展和建设阶段，摆在面前的困难也有很多，但相信这个充满实干精神、性格开朗、意志坚韧的台湾老板的第二部曲、第三部曲，园和城的规划，在不久的将来一定会唱响，变成现实。

11.4.4　案例评析

据调查得知，张宝元系我国台湾省人，在我国台湾省念大学期间，学习的是动物饲养方面的专业，因此，对农业有着浓厚的感情。据他介绍，我国台湾省农业经历了三个大的阶段，第一个阶段主要是传统农业，使用传统的生产工具，采取落后的农业育种繁殖技术，人地关系高度紧张，劳动产出率十分低下。随着我国台湾省经济的高速发展，尤其是在工业化中后期，大量农业劳动力转移到第二、三产业就业。这为我国台湾省实现由传统农业向现代农业的转变提供了条件，由此，我国台湾省农业进入第二个阶段：精致农业发展阶段，这一阶段，开始大面积应用现代农业科技，推广农业机械，用机器替代劳动力，农业生产单位面积的产出率和劳动生产率都大大提高了，我国台湾省生产的水果和蔬菜，不仅满足岛内需求，还用于出口。到了20世纪末本世纪初期，我国台湾省农业又开始大力发展现代休闲观光农业，大大拓宽了农业的基本功能，那些交通便利、距离中心城市比较近的农村，通过发展体验农业、观光农业等休闲农业，吸引城里人前来农场感受田园风光，呼吸新鲜空气，还可以下河捞鱼捉虾，也可以收获地里的农产品，体验丰收的喜悦。

我国台湾省人张宝元来凉山投资发展现代农业，不仅可以带来专业的饲养经验和技术，还可以将我国台湾省发展现代农业的成功经验和成熟的运作模式复制到内地，从而大大减少内地发展现代农业探索的时间和所走的弯路。

11.5 西昌市晓云生态水产养殖产销专业合作社

调研时间：2013年10月13日
调研地点：西昌市大兴乡建新村
调研人员：张千友、蒋成
调研对象：徐嘉勇（理事长）

11.5.1 基本情况

西昌市晓云生态养殖专业合作社成立于2012年12月，当初由水产养殖大户和贩销大户发起成立，是一家以鱼、虾等水产品养殖和销售为主要经营业务的专业合作社。目前，该社注册资金为500万元，共有社员25户，其中核心社员15户，生产水域面积400余亩。为了提高产品的市场认可度，拓宽市场销售渠道，合作社正在积极申报"绿色食品"认证。

11.5.2 内部管理状况

合作社实行社员平均出资。在西昌市晓云生态养殖专业合作社，每户社员平均出资 20 万元。合作社理事会由 3 人组成,理事长和副理事长每人出资都是 20 万元,均是合作社的生产大户和销售大户,合作社理事会成员目前都不从合作社内部领取工资。其收入来源主要依靠销售产品收入。在调研中我们发现,徐嘉勇理事长是一名共产党员,严格要求自己,坚持奉献合作社;积极发动群众,吸纳新社员,以壮大合作社实力,谋求合作社不断跃上一个又一个新台阶,带动和促进合作社社员共同发展,共同富裕。合作社设置监事会,监事会由 2 人公开选举的社员组成,平均每年召开监事会会议 10 余次,召开社员大会 2 次。

合作社欢迎从事水产品饲养的养殖户加入合作社,新社员的入社需要经过合作社理事会讨论通过。关于社员的退社,普通社员退社只要提出申请就可以退社,合作社的大股东则需要经过理事会同意方可退社。如果社员退社,合作社不仅退还社员股金,而且股金价值增加部分也一并退还。

合作社遇到需要通过投票来进行事务决策时,投票的方式是“一人一票”。由于每户社员是等额出资,因此没有附加表决权。合作社在章程修改、选举或变更理事长和理事会成员,选举监事会成员,聘任合作社的执行经理、合作社盈余分配方案等事项上采取了“一人一票”的投票方式进行决策。

11.5.3　合作社的经营状况

在合作社成员的生产资料供应上,由合作社统一购买并发售给合作社成员,从而减少鱼苗和饲料的购买和运输成本,提高经济效益。在水产养殖过程中,合作社设置专门技术人员严格把关,定期检测水质,确保水产品高产高效。在销路上,据徐嘉勇理事长介绍,由于合作社成立较晚,还没有创建自己的品牌,还没有开拓自己的销售市场。合作社产品主要的销售渠道主要有:合作社介绍收购商或企业收购产品,或者由合作社成员自主销售,合作社未向社员抽取任何中间费用,让社员充分享受实惠。

11.5.4　利润的分配方式

合作社的利润分配方案由社员大会表决通过。合作社分配收益的方式主要有:向社员以成本价提供农资、免费的技术服务和品牌使用等。因合作社成立时间较短,账面上利润不多,合作社对社员暂时不搞“二次返利”。

据调查,合作社成立至今,不断吸纳新社员,改善经营管理,创新养殖技术,不仅发展了农村经济,而且有效地改善了自然生态环境,曾多次受到市州环保局、水产渔政局等部门高度赞扬。凉山州水产渔政局组织技术人员,深入塘口，与合作社社员交流，指出养殖生产中存在的问题，探讨切实可行的解决办法，提供技术、信息、政策等服务，助推合作社健康成长。

11.5.5　案例评析

2012 年年底，大兴乡建新村村民徐嘉勇等人发起成立西昌市晓云生态水产养殖产销专业合作社。该社有社员 20 人，社员出资总额 500 万元，主要从事淡水鱼类养殖、销售等。目前，合作社有养殖水面近 400 亩。合作社的成立有利于调整养殖品种结构，提高养殖技术水平和产品质量，增加养殖户收入。过去养殖户分散经营，池塘条件差，道路交通困难，电力设施不足，严重影响了养殖生产及渔业机械化推广。成立专合组织，可集聚多方合力，改善基础条件，发展名特优水产品，创建渔业品牌，提升水产品质量和水产养殖效益，促进当地水产养殖迈上新台阶。

"随着合作社的日趋壮大，生产水域面积不断扩大，养殖量的日积月累，一系列的问题就产生了。"徐嘉勇理事长谈到。据调查，大兴乡距离市区较远，道路设施不够完善，从而导致水产品运输困难，运费高，成本大；另外一个问题就是资金不足，造成养殖池架电供氧设施缺乏和坝埂老化无力护养。

附录1 凉山州部分县（市）调研合作社名单一览表

西昌市

合作社名称	理事长	合作社地址	成立年月
西昌市奋进现代烟草农业技术专业合作社	杨贵荣	阿七乡	2013 年 4 月
西昌市大田植保农民专业合作社	赵德华	阿七乡大田村	2007 年 9 月
西昌市安宁农村经济互助专业合作社	宋占国	安宁镇川云路 45 号	2011 年 4 月
西昌市东山农业开发专业合作社	杨宗权	安宁镇东山村四组	2010 年 10 月
西昌市建昌黑山羊养殖专业合作社	杨伟	安宁镇机场路	2010 年 6 月
西昌市禾丰特种农业专业合作社	李世才	安宁镇康宁大道	2011 年 9 月
西昌市康宁农牧专业合作社	赵文政	安宁镇康宁大道北段 19 号	2010 年 10 月
西昌市群义中药材种植专业合作社	黄波涛	安宁镇马坪坝 6 组	2010 年 12 月
西昌市万达果蔬专业合作社	邓明寿	安宁镇民运村	2010 年 8 月
西昌市沙芳种植专业合作社	沙理芳	安宁镇民运村	2010 年 9 月
西昌市顺民玉米种植专业合作社	宋映明	安宁镇民运村六组	2012 年 5 月
西昌市阳光亿达蔬菜种植专业合作社	曾广琨	安宁镇民运村三组	2011 年 7 月
西昌市八月红葡萄专业合作社	唐祖兴	安宁镇民运村一组	2010 年 12 月

合作社名称	理事长	合作社地址	成立年月
西昌顺河农村经济互助专业合作社	朱育伟	安宁镇顺河	2011 年 1 月
西昌市华欧农产品产购销专业合作社	郑从华	安宁镇土坊村	2010 年 9 月
西昌市红源洋葱专业合作社	杨文福	安宁镇土坊村	2010 年 11 月
西昌市照祥农产品产销专业合作社	刘雷	安宁镇土坊村一组	2011 年 10 月
西昌五堡农村经济互助专业合作社	单明顺	安宁镇五堡村	2011 年 1 月
西昌市航发种养殖专业合作社	陈启珍	安宁镇新街	2009 年 10 月
西昌市李家种植养殖农民专业合作社	李传忠	安宁镇新区	2008 年 9 月
西昌市杨家农产品营销专业合作社	唐祖林	安宁镇杨家村	2010 年 12 月
西昌市源兴植保农民专业合作社	陈学宾	安宁镇源兴村	2010 年 6 月
西昌市合兴阉鸡产销专业合作社	胡从红	安宁镇源兴村十组	2011 年 1 月
西昌市牦牛山农业综合开发专业合作社	朱建新	巴汝乡中火村 2 组 8 号	2010 年 6 月
西昌邛湖养鸭专业合作社	严福伟	长安北路 49 号	2011 年 4 月
凉山州黑土生态产销专业合作社	文古此哈	长安路 36 号	2011 年 10 月
西昌市川兴欣悦双季葡萄水果专业合作社	高立中	川兴镇	2012 年 4 月
西昌市润祥特色种植产销专业合作社	方德金	川兴镇海丰村十二组	2012 年 6 月
西昌市康旺花卉产销专业合作社	曹庆刚	川兴镇合兴村	2010 年 10 月
西昌市合力葡萄种植专业合作社	朱兴兵	川兴镇民合村	2013 年 4 月
西昌市三和农作物专业合作社	刘祥洪	川兴镇三合青龙寺村	2008 年 4 月
西昌市新农植保农民专业合作社	罗洪	川兴镇新农村 3 组	2008 年 6 月
西昌市广兴种植农民专业合作社	施勇	川兴镇新农村	2012 年 10 月
西昌市民箐紫茎泽兰收购专业合作社	乃古尔从	大箐乡民主村	2010 年 5 月
西昌市郁生源蓝莓专业合作社	李宝华	大兴乡	2012 年 5 月
西昌市孝红烟草种植专业合作社	黎孝红	大兴乡	2013 年 4 月

合作社名称	理事长	合作社地址	成立年月
西昌市建新植保农民专业合作社	罗华俊	大兴乡建新村	2008 年 1 月
西昌市晓云生态水产养殖产销专业合作社	徐嘉勇	大兴乡建新村	2012 年 12 月
西昌市山野香蒜产销专业合作社	毛映国	大兴乡新民村六组	2010 年 10 月
西昌市金竹蔬菜种销专业合作社	冯宗清	高草回族乡金竹村二组二十二号	2011 年 5 月
西昌安宁河立富生态水产养殖专业合作社	谌立富	高草乡	2013 年 4 月
西昌市城堡植保农民专业合作社	马永忠	高草乡城堡村	2008 年 5 月
西昌市原野蜂业产销专业合作社	马德忠	高草乡大庄村	2010 年 5 月
西昌市众友养殖农民专业合作社	叶光海	高草乡大庄村九组	2012 年 9 月
西昌市安宁韭黄产销专业合作社	邓安炳	高草乡高草村	2010 年 3 月
西昌市蜜丰园蜂业产销专业合作社	骆成波	高草乡高草村	2013 年 4 月
西昌市宏泰牧业养殖专业合作社	冯宗娟	高草乡湛堡村	2013 年 5 月
西昌鑫农农机专业合作社	王勇	高草乡中河村	2011 年 2 月
西昌市康达奶牛养殖专业合作社	朱跃勇	高草乡中河村三组	2012 年 3 月
西昌市春华洋葱专业合作社	蔡春华	高草乡庄堡村八组	2013 年 3 月
西昌市联合植保农民专业合作社	王启忠	高枧乡联合 6 组	2007 年 11 月
西昌市鑫鹏生态种养殖专业合作社	柳俊贤	高枧乡团结村	2013 年 6 月
西昌市团结蔬菜水果专业合作社	吕世洪	高枧乡团结村二组	2011 年 3 月
西昌硕丰果蔬专业合作社	段赵君	高枧乡团结村十二组	2011 年 8 月
西昌市张林莲藕专业合作社	张文辉	高枧乡张林村八组	2010 年 9 月
西昌市美丽田园农业专业合作社	李亮	高枧乡中所村九组	2011 年 11 月
西昌菜篮子蔬菜种植专业合作社	杨子锐	海南乡岗瑶村（村委会办公室）	2011 年 12 月
西昌春栖茉莉花种植专业合作社	石保华	海南乡岗瑶村三组（绿柳农庄内）	2011 年 12 月
凉山富饶马铃薯农民专业合作社	孙兵	海南乡缸窑村	2010 年 8 月
西昌市古城植保农民专业合作社	王致贵	海南乡古城村	2007 年 11 月
西昌市幸坤石榴种植专业合作社	李玉坤	黄联关镇大德村	2012 年 11 月

合作社名称	理事长	合作社地址	成立年月
西昌市鹿马果蔬专业合作社	范勇	黄联关镇鹿马村	2009 年 11 月
西昌市兴隆养殖农民专业合作社	张洪刚	黄联关镇十八村	2011 年 5 月
西昌市新镇植保农民专业合作社	刘洪祥	黄联关镇新镇村	2007 年 9 月
西昌市鹿鹤植保农民专业合作社	裴平	黄水乡鹿鹤村	2007 年 9 月
西昌市红心猕猴桃专业合作社	徐靓	黄水乡洼垴村八组	2012 年 2 月
西昌黄水洼垴石榴专业合作社	范世坤	黄水乡洼垴村九组	2011 年 4 月
西昌市彝乡高山黑猪产销农民专业合作社	毛国锦	经久乡大村村（市绿色畜牧产品研究中心内）	2011 年 10 月
西昌合营植保农民专业合作社	陈绍祥	经久乡合营村	2007 年 12 月
西昌市吉丰蔬菜种植专业合作社	王亮	经久乡合营村	2013 年 4 月
西昌市经久农业种植农民专业合作社	李迎春	经久乡经久村四组	2011 年 5 月
西昌市顺鑫蔬菜种植专业合作社	王方刚	经久乡皮柳村	2013 年 4 月
西昌市富农农作物种植专业合作社	庄付芳	经久乡庄潘屯村四组	2010 年 12 月
西昌市古鸠莫特色种植专业合作社	王洪斌	开元乡古鸠莫村	2013 年 5 月
西昌市双星精品小香葱专业合作社	陈忠武	琅环乡红星村	2009 年 1 月
西昌市绿为鑫天盈种植专业合作社	邓明会	琅环乡红星村	2011 年 8 月
西昌红星植保农民专业合作社	梁泽明	琅环乡红星村 4 组	2007 年 9 月
西昌市兴禾香葱产销专业合作社	王志兵	琅环乡五星村	2012 年 12 月
西昌市牛郎奶水牛养殖专业合作社	蒋朝龙	礼州镇白沙村	2011 年 5 月
西昌市白沙植保农民专业合作社	姜平	礼州镇白沙村	2007 年 9 月
西昌市先泉果蔬专业合作社	李继泉	礼州镇白沙村九组	2009 年 10 月
西昌市富凤果蔬专业合作社	汤勤波	礼州镇白沙村九组	2010 年 7 月
西昌市万科阳光生态养殖种植专业合作社	谌洪琼	礼州镇白沙村九组	2012 年 6 月
西昌市龙达养殖专业合作社	李兴龙	礼州镇白沙村六组	2009 年 4 月
西昌市绿安蔬菜专业合作社	王启德	礼州镇白沙村六组	2010 年 4 月
西昌市鑫隆蔬菜产销专业合作社	张向洪	礼州镇陈远村	2012 年 12 月

合作社名称	理事长	合作社地址	成立年月
西昌市田坝花木专业合作社	江文全	礼州镇花卉产业园区	2013 年 4 月
西昌市玉丰玉米制种技术专业合作社	刘军	礼州镇人民政府	2009 年 6 月
西昌市大田养殖专业合作社	马俊	礼州镇田坝村 11 组	2011 年 3 月
西昌市美蠊养殖农民专业合作社	刘建磊	礼州镇同心村七组蚕种场	2012 年 9 月
西昌市永祥水果农民专业合作社	黄勇	礼州镇同心村四组	2011 年 12 月
西昌市百花蜂业产销专业合作社	陈映光	礼州镇卫生巷 29	2011 年 4 月
西昌市幸福核桃种植专业合作社	肖古伙	马鞍乡幸福村	2013 年 5 月
西昌市马道水禽养殖专业合作社	耿涛	马道镇大堡村	2010 年 11 月
西昌市瑞玲养殖专业合作社	彭文凤	马道镇大堡村四组	2011 年 10 月
西昌市麻山核桃农民专业合作社	余五各	明胜乡	2013 年 4 月
西昌市金荞地核桃产业农民专业合作社	马德祥	荞地乡九道村	2012 年 12 月
西昌市满山红辣椒专业合作社	李运成	三垭口西郊长安村七组	2010 年 11 月
西昌市鑫源养猪专业合作社	戴本忠	四袁公路瑶山村	2009 年 10 月
西昌太和养鸭专业合作社	张启霞	太和镇太和村	2009 年 10 月
西昌三牧太和奶牛养殖专业合作社	张明秀	太和镇太和村	2011 年 10 月
西昌市祥红养殖专业合作社	刘正祥	太和镇太和村三组	2012 年 7 月
西昌市恩兴食用菌专业合作社	兰恩兴	太和镇余堡村	2011 年 3 月
西昌市百门食用菌专业合作社	刘建国	西郊乡北门村八组	2008 年 11 月
西昌市八方蚕业农民专业合作社	庞明华	西郊乡长安村九组	2007 年 9 月
西昌市八方猪业农民专业合作社	庞明华	西郊乡长安村九组	2008 年 3 月
凉山州弟强农机专业合作社	许弟强	西郊乡长安村十组	2011 年 3 月
西昌市众兴油茶农民专业合作社	刘尚国	西溪乡上乡村	2012 年 12 月
西昌市益康果蔬专业合作社	李万华	西溪乡营盘村 2 组	2009 年 4 月
西昌昌叶农作物种植专业合作社	许建强	西乡乡	2009 年 10 月
西昌市锦园枣业产销专业合作社	徐平福	西乡乡柏枝树村十二组	2011 年 4 月
西昌市凤凰葡萄专业合作社	边成国	西乡乡凤凰村	2009 年 3 月

合作社名称	理事长	合作社地址	成立年月
西昌市三友种植农民专业合作社	赵志团	西乡乡凤凰村六组	2011 年 5 月
西昌市洪博养鸭农民专业合作社	罗洪云	西乡乡古城村八队	2011 年 2 月
西昌市群乐农产品专业合作社	高志勇	西乡乡群乐村	2012 年 10 月
西昌市宏茂红龙果种植专业合作社	张吉英	西乡乡三百村	2012 年 3 月
西昌市绿丰果蔬产销专业合作社	王平	西乡乡太平村	2011 年 9 月
西昌野坝子蜂农专业合作社	杨雄	洗鱼沟 31 号	2008 年 1 月
西昌市志伦养殖种植专业合作社	陈志伦	小庙乡安宁村八组	2013 年 6 月
西昌市兴旺生态种养殖农民专业合作社	王权	小庙乡安宁村一组	2013 年 6 月
西昌市惠民农机专业合作社	刘际渊	小庙乡焦家村	2013 年 1 月
西昌市鲁溪精品果蔬农民专业合作社	李时伟	小庙乡鲁溪村	2012 年 11 月
凉山攀星优质特色稻米专业合作社	刘启贵	小庙乡小庙村	2009 年 12 月
西昌市恒泽葡萄种植专业合作社	巫琼	小庙乡政府左侧	2011 年 11 月
西昌市冬阳草莓专业合作社	孙国春	新胜乡花庄村十二组	2008 年 12 月
西昌市绿康生猪专业合作社	邵雄	兴胜乡花庄村八组	2009 年 4 月
西昌市仲帮玉米制种专业合作社	孙健	兴胜乡团结村二组	2012 年 9 月
西昌市鑫旺养殖农民专业合作社	吴亚丽	兴胜乡团结村十组	2012 年 9 月
西昌市民胜核桃产业专业合作社	苏进华	涌泉街 14-4 号	2011 年 12 月
西昌市佑君农业服务专业合作社	杨金	佑君镇	2013 年 6 月
西昌市丁庄家禽养殖专业合作社	尹成孝	佑君镇丁庄村三组	2012 年 8 月
西昌市盐中植保农民专业合作社	蓝田	佑君镇经营所左侧	2007 年 9 月
西昌市佑君农业植保专业合作社	彭作仁	佑君镇四堡村	2007 年 9 月
西昌市健康养殖服务专业合作社	廖健康	佑君镇佑君村五组	2009 年 5 月
西昌市富民猪业产销专业合作社	敬平	佑君镇佑君村一组	2011 年 10 月
西昌市佑君农村经济互助专业合作社	杨时发	佑君镇佑君路	2011 年 6 月
西昌市华林生态果蔬专业合作社	杨宗林	佑君镇占沟村七组	2013 年 6 月
西昌市裕昌特禽产销专业合作社	李映国	裕昌特禽产销专业合作社	2012 年 4 月

合作社名称	理事长	合作社地址	成立年月
西昌市大众种养殖农民专业合作社	卢伟	裕隆回族乡永兴村三组三十一号	2012 年 9 月
西昌市紫源种植农民专业合作社	尹祥	裕隆乡复兴村三组	2011 年 3 月
西昌市六堡果蔬专业合作社	周坤	裕隆乡六堡村	2010 年 8 月
西昌市佳禾蔬菜种植专业合作社	朱才华	裕隆乡三合村	2013 年 4 月
西昌市小懒猪养殖专业合作社	杨刚荣	裕隆乡兴富村	2009 年 9 月
西昌市富强农民专业合作社	马斯恩	裕隆乡兴富村	2011 年 4 月
西昌市星泽紫茎泽兰收购专业合作社	牟德忠	裕隆乡星宿村	2010 年 4 月
西昌市星宿农产品专业合作社	樊均长	裕隆乡星宿村	2010 年 4 月
西昌市伊星养殖产销专业合作社	马泽俊	裕隆乡星宿村八组	2011 年 11 月
西昌市广平裕隆农产品产销专业合作社	李平	裕隆乡星宿村九组	2009 年 6 月
西昌市白水沟特色种植专业合作社	赵图华	裕隆乡星宿村一组	2012 年 8 月
西昌市永兴种鸭养殖农民专业合作社	张鹏	裕隆乡永兴村 3 组	2011 年 5 月
西昌市裕隆植保专业合社	胡德清	裕隆乡裕隆村	2007 年 12 月
西昌市月华火葱专业合作社	赵波	月华乡	2012 年 5 月
西昌市振兴种植农民专业合作社	陈德刚	月华乡福裕村	2012 年 7 月
西昌市月华巨鑫莲花白洋葱专业合作社	杨波	月华乡红旗村	2012 年 6 月
西昌市轿顶山刺梨种植专业合作社	林永兵	月华乡宁乐村	2012 年 10 月
西昌市新华油桃水果专业合作社	石成玉	月华乡新华村	2007 年 9 月
西昌市鑫明种植专业合作社	黄瑞峰	月华乡新星村 4 组	2011 年 4 月
西昌市茅坡水果专业合作社（社员出资已退）	潘世云	樟木乡丘陵村	2007 年 6 月
西昌市民鑫种植专业合作社	刘明江	樟木乡字库村	2011 年 5 月
西昌市众鑫养殖专业合作社	罗洪祥	樟木乡字库村	2011 年 5 月
西昌市绿源果蔬专业合作社	李正权	中坝乡大树村五组	2011 年 5 月
西昌洪磊养殖农民专业合作社	刘建磊	中坝乡大中村 3 组 14 号	2012 年 8 月
西昌市飞越种植农民专业合作社	刘洪康	中坝乡大中村三组	2012 年 8 月

合作社名称	理事长	合作社地址	成立年月
西昌市先锋生态水产专业合作社	朱沛华	西昌市	2012 年 12 月
西昌市大兴坤峰农机专业合作社	杨坤	西昌市大兴乡	2013 年 1 月
西昌市乡隆花卉农民专业合作社	边建国	西昌市	2013 年 1 月
西昌市恒鑫蔬菜农民专业合作社	刘学斌	西昌市	2013 年 1 月
凉山州科兴优质黑猪专业合作社	唐贤敏	西昌市	2013 年 2 月
西昌兴鑫蔬果专业合作社	李跃彩	西昌市	2013 年 3 月
西昌市慧昌核桃种植专业合作社	朱起惠	西昌市	2013 年 3 月
西昌市裕隆农村经济互助专业合作社	陈宗华	西昌市裕隆乡	2013 年 4 月
西昌市高草农村经济互助专业合作社	易忠全	西昌市高草乡	2013 年 4 月
西昌市翠宏种植专业合作社	张红远	西昌市	2013 年 4 月
西昌市安宁农业服务专业合作社	朱育伟	西昌市安宁镇	2013 年 6 月
西昌市巴汝农业服务专业合作社	朱兴桂	西昌市巴汝乡	2013 年 6 月
西昌市礼州农业服务专业合作社	杨宗敏	西昌市礼州镇	2013 年 6 月

德昌县

企业名称	理事长	地址	成立年月
德昌县优质梨专业合作社	殷廷洪	德昌县六所乡新河村	2005 年 3 月
德昌县绿原蔬菜农民专业合作社	张志清	中屯村下观音堂合作社	2007 年 1 月
德昌县农兴果树专业合作社	苗军	小高乡高峰村四社	2007 年 10 月
德昌县沙坝傈僳风情旅游开发专业合作社	谭承勇	德昌县乐跃镇沙坝村	2008 年 12 月
德昌县观音铺优质果蔬专业合作社	杨再平	德昌县小高乡高峰村四社	2009 年 1 月
德昌县精品梨农民专业合作社	王恒	德昌县六所乡陈所村下团山合作社 10 号	2009 年 2 月

企业名称	理事长	地址	成立年月
德昌县鑫宇养殖专业合作社	魏长宇	德昌县乐跃镇大福村二社	2009 年 3 月
德昌县德兴草莓专业合作社	黄永国	交通路南段 148 号	2009 年 3 月
德昌县优质桃专业合作社	温正富	六所乡解放村两委办公室	2009 年 3 月
德昌县新科养殖专业合作社	徐启新	德州镇交通路 43 - 1 号	2009 年 4 月
德昌县王所乡富民草莓专业合作社	陈尔明	王所村村委会办公室	2009 年 6 月
德昌县群英板栗专业合作社	杨昌华	德昌县小高乡政府内	2009 年 7 月
德昌县至园黄果种植专业合作社	任俊	德州镇祥和街 120 号	2009 年 8 月
德昌县志刚养兔专业合作社	刘志刚	德昌县阿月乡团山村四组	2009 年 10 月
德昌县学成养殖专业合作社	沈学成	德昌县德州镇西会路 298 号	2009 年 12 月
德昌县王所单元现代烟草农业综合服务专业合作社	张明富	德昌县王所乡水塘村村委活动室	2010 年 6 月
德昌县田园植保专业合作社	聂登富	德昌县锦川乡蒲坝四社	2010 年 6 月
德昌县农友植保专业合作社	郑启才	德昌县宽裕乡裕民村四社	2010 年 6 月
德昌县兹摩养蜂专业合作社	杨万泽	德昌县德州镇阿荣村五社	2010 年 8 月
德昌县麻栗镇大坝村农机专业合作社	余登华	德昌县麻栗镇大坝村	2010 年 9 月
德昌县德州镇农机专业合作社	何美明	德昌县德州镇泸塘村	2010 年 9 月
德昌县小高乡群英村农机专业合作社	胡启华	德昌县小高乡群英村街地	2010 年 9 月
德昌县高山优质蔬菜专业合作社	陈国军	德昌县小高乡红岩村四社	2010 年 11 月
德昌县蜀昌红提葡萄专业合作社	周治云	德昌县德州镇沙坝村移民三队	2010 年 11 月
德昌县德贵葡萄专业合作社	邓德贵	德昌县德州镇沙坝村移民二社	2010 年 11 月

企业名称	理事长	地址	成立年月
德昌县盛昌麻鸭养殖专业合作社	周以安	德昌县麻栗乡大坝村2组52号	2010 年 12 月
德昌县宏宇兔业专业合作社	陈世洪	德昌县德州镇泸塘村6社	2011 年 2 月
德昌县安宁蔬菜专业合作社	崔光涛	德昌县小高乡安宁村	2011 年 3 月
德昌县青田中药材种植专业合作社	吴文军	德昌县凤凰大道100号	2011 年 6 月
德昌县巴洞乡甜柿专业合作社	温琼芳	德昌县巴洞乡先锋村青松坝组	2011 年 7 月
德昌县新农优质稻专业合作社	杨本林	德昌县六所乡新农村九社	2011 年 7 月
德昌民兴核桃专业合作社	王永光	德昌县小高乡联盟村三组	2011 年 12 月
德昌县永乐果蔬专业合作社	王平富	德昌县乐跃镇新塘村一组	2012 年 2 月
德昌县向阳养殖专业合作社	熊云海	德昌县阿月乡阿月村九组	2012 年 3 月
德昌县小徐葡萄专业合作社	徐靓	德昌县凤凰村1组（小徐葡萄园）	2012 年 4 月
德昌县永郎镇胜达果蔬专业合作社	张晓峰	德昌县永郎镇永春三社	2012 年 5 月
德昌县石字沟果业专业合作社	王凤平	德昌县茨达乡新华村麻地组	2012 年 5 月
德昌县葳蕤石榴专业合作社	李雪莲	德昌县德州镇大坪村上李家坝组5号	2012 年 5 月
德昌县点马果蔬专业合作社	郑尚君	德昌县麻栗镇点马村村委活动室	2012 年 5 月
德昌县凤凰核桃种植专业合作社	熊毅	德昌县德州镇凤凰村五社	2012 年 5 月
德昌县立新鸭业专业合作社	沈学志	德昌县德州镇南坛村九社	2012 年 6 月
德昌县永郎镇跃进桑葚专业合作社	邱林	德昌县永郎镇永跃村一社	2012 年 6 月
德昌县德发养殖专业合作社	马德发	德昌县角半村二社	2012 年 6 月
德昌县兴业葡萄种植专业合作社	赵志岗	德昌县六所乡陈所村1社	2012 年 6 月

企业名称	理事长	地址	成立年月
德昌县永郎镇永辉桑葚专业合作社	肖永辉	德昌县永郎镇永跃村三社	2012 年 6 月
德昌县德云紫衣核桃种植专业合作社	姜德云	德昌县德州镇沙坝村五社	2012 年 7 月
德昌县花园烟草种植专业合作社	赵友才	德昌县宽裕乡花园烘烤工场	2012 年 7 月
德昌县源丰桂圆种植专业合作社	余依倩	德昌县乐跃镇新塘村三社	2012 年 8 月
德昌县雅江桠柑种植专业合作社	周光伦	德昌县热河乡田村三组	2012 年 8 月
德昌县红瓦房种植专业合作社	魏寿长	德昌县德州镇南坛村九组	2012 年 9 月
德昌石观音农产品种植专业合作社	陈进	德昌县王所乡茶园村上大莫所组	2012 年 9 月
德昌五星紫衣蒜种植专业合作社	蔡世刚	德昌县王所乡茶园村上大莫所组	2012 年 9 月
德昌县红岩烟草种植专业合作社	陈国庆	德昌县小高乡红岩村	2012 年 12 月
德昌县德美花卉种植专业合作社	赖建峰	德昌县德州镇南坛村沙湾沟合作社	2012 年 12 月
德昌县味源堂葡萄种植专业合作社	伍兴洪	德昌县王所乡小冯村 13 组	2012 年 12 月
德昌县黄草核桃种植专业合作社	莫有伙	德昌县小高乡老邮政所	2013 年 1 月
德昌县友源枇杷果业专业合作社	周玉林	德昌县王所乡大冯一队	2013 年 1 月
德昌县高家庄蔬菜专业合作社	陈登贵	德昌县小高乡联盟村八社	2013 年 2 月
德昌县永兴油茶籽树种植专业合作社	兰质礼	德昌县德州镇西环路一段	2013 年 2 月
德昌县角半沟富民红樱桃专业合作社	李德元黄波	德昌县德州镇角半村一社	2013 年 2 月
德昌县稀泥沟核桃种植专业合作社	李从华	德昌县乐跃镇沙坝村四组	2013 年 3 月
德昌县乐跃镇红丰桑葚种植专业合作社	余建文	德昌县乐跃镇红星村 5 社	2013 年 3 月

企业名称	理事长	地址	成立年月
德昌县梦云养蜂专业合作社	严川云	德昌县六所乡花果村二组	2013 年 4 月
德昌县友富核桃种植专业合作社	马洪	德昌县乐跃镇街地	2013 年 4 月
德昌利农农机专业合作社	曹永刚	德昌县德州镇香城大道二段 40 号	2013 年 4 月
德昌县众康果蔬专业合作社	冯云 罗志勇	德昌县德州镇李所村中李所二组九号	2013 年 5 月
德昌县千里马核桃种植专业合作社	侯正芳	德昌县德州镇凤凰村千里马组	2013 年 6 月
德昌县香多养猪专业合作社	安惹牛	德昌县麻栗镇干海村五社	2013 年 6 月
德昌县民主烟草专业合作社	李兴宏	德昌县麻栗镇民主村村委会活动室	2013 年 6 月
德昌县阿雍烟草专业合作社	罗正权	德昌县德州镇阿雍村村委会活动室	2013 年 6 月
德昌县前进烟草专业合作社	胡志高	德昌县巴洞乡前进村村委会活动室	2013 年 6 月
德昌县前进中药材专业合作社	陈兴富	德昌县巴洞乡前进村二社	2013 年 6 月

会理县

合作社名称	理事长	合作社地址	成立年月
会理县枯方大园子油橄榄专业合作社	王朝元	会理县	2008 年
会理县菜籽园石榴专业合作社	—	会理县	2007 年 8 月
会理县金辉石榴专业合作社	张文学	会理县	2011 年 5 月
会理县大和石榴专业合作社	张正品	会理县	2010 年 8 月
会理县黄虎村花红梨专业合作社	胡显金	会理县	2011 年 7 月
会理县富禾石榴专业合作社	肖正录	会理县	2007 年 8 月
会理县明荣科技养殖专业合作社	彭文云	会理县	2009 年 4 月

合作社名称	理事长	合作社地址	成立年月
会理县坪庄惠民烟农综合服务专业合作社	刘显贵	会理县	2011 年 5 月
会理县海溪农机服务专业合作社	胡萍辉	会理县	2010 年 9 月
会理县智鑫金银花专业合作社	薛录华	会理县	2011 年 3 月
会理县回通石榴营销专业合作社	刘建勇	会理县	2010 年 10 月
会理县牛筋树石榴专业合作社	孙成学	会理县	2010 年 8 月
会理县魏家河核柚专业合作社	徐廷寿	会理县	2013 年 7 月
会理县瑞兵养殖专业合作社	唐瑞兵	会理县	2009 年 12 月
会理县鱼鲜分蔬菜专业合作社	杨春发	会理县	2007 年 8 月
会理县金贵石榴专业合作社	王美金	会理县	2009 年 9 月
会理县玉坪冬洋芋专业合作社	刘金华	会理县	2008 年 12 月
会理县洪水坝石榴专业合作社	邓兴林	会理县	2009 年 11 月
会理县新安傣族乡好地道专业合作社	朱平友	会理县	
会理县余家岔花红梨农民专业合作社	刘坤绍	会理县	2011 年 4 月
会理县放羊坪香园梨农民专业合作社	周国才	会理县	2011 年 4 月
会理县崃龙石榴专业合作社	黄安祥	会理县	2007 年 9 月
会理县清林果蔬种植专业合作社	黎清林	会理县	2010 年 1 月
会理县新铺子惠民烟农综合服务专业合作社	罗天福	会理县	2011 年 5 月
会理县成元聚福杏子专业合作社	李浩	会理县	2011 年 6 月
会理县彰冠乡鑫新生猪养殖专业合作社	田文华	会理县	2012 年 12 月
会理县南阁惠民烟农综合服务专业合作社	蒋成军	会理县	2010 年 1 月
会理县春农节水灌溉专业合作社	杨仕春	会理县	2012 年 11 月
会理县致富农机专业合作社	叶富明	会理县	2010 年 1 月
会理县东虹核桃专业合作社	秦玉美	会理县	2011 年 7 月
会理县好地道生态土鸡养殖专业合作社	何果贵	会理县	2011 年 12 月

会东县

企业名称	理事长	地址	成立年月
忠成种养专业合作社	刘忠成	会东县	2011 年 3 月
会东万利种养专业合作社	董应林	会东县	2010 年 6 月
聪慧核桃合作社	李世春	会东县	2012 年 8 月
会东县国春核桃种植专业合作社	向国君	会东县	2013 年 7 月
会东县生态鸡养殖专业合作社	刘才平	会东县	2007 年 12 月
凉山州雷峰金银花专业合作社	阳万江	会东县	2011 年 1 月
会东县正红石榴种植专业合作社	顾发兵	会东县	2010 年 3 月
会东县兴龙梅花鹿养殖专业合作社	李兴龙	会东县	2009 年 10 月
云香元页葡萄合作社	王元页	会东县	2012 年 9 月
会东县兴民畜禽专业合作社	付国江	会东县	2011 年 2 月
会东县铝锌镇科技种养业专业合作社	张定国	会东县	2009 年 4 月

附录2 《中华人民共和国农民专业合作社法》

中华人民共和国主席令

第 五十七 号

《中华人民共和国农民专业合作社法》已由中华人民共和国第十届全国人民代表大会常务委员会第二十四次会议于 2006 年 10 月 31 日通过，现予公布，自 2007 年 7 月 1 日起施行。

中华人民共和国主席　胡锦涛

2006 年 10 月 31 日

中华人民共和国农民专业合作社法

（2006 年 10 月 31 日第十届全国人民代表大会常务委员会第二十四次会议通过）

第一章　总　则

第一条　为了支持、引导农民专业合作社的发展，规范农民专业合作社的组织和行为，保护农民专业合作社及其成员的合法权益，促进农业和农村经济的发展，制定本法。

第二条　农民专业合作社是在农村家庭承包经营基础上，同类农产品的生产经营者或者同类农业生产经营服务的提供者、利用者，自愿联合、民主管理的互助性经济组织。

农民专业合作社以其成员为主要服务对象，提供农业生产资料的购买，农产品的销售、加工、运输、贮藏以及与农业生产经营有关的技术、信息等服务。

第三条　农民专业合作社应当遵循下列原则：

（一）成员以农民为主体；

（二）以服务成员为宗旨，谋求全体成员的共同利益；

（三）入社自愿、退社自由；

（四）成员地位平等，实行民主管理；

（五）盈余主要按照成员与农民专业合作社的交易量（额）比例返还。

第四条　农民专业合作社依照本法登记，取得法人资格。

农民专业合作社对由成员出资、公积金、国家财政直接补助、他人捐赠以及合法取得的其他资产所形成的财产，享有占有、使用和处分的权利，并以上述财产对债务承担责任。

第五条　农民专业合作社成员以其账户内记载的出资额和公积金份额为限对农民专业合作社承担责任。

第六条　国家保护农民专业合作社及其成员的合法权益，任何单位和个人不得侵犯。

第七条　农民专业合作社从事生产经营活动，应当遵守法律、行政法规，遵守社会公德、商业道德，诚实守信。

第八条　国家通过财政支持、税收优惠和金融、科技、人才的扶持以及产业政策引导等措施，促进农民专业合作社的发展。

国家鼓励和支持社会各方面力量为农民专业合作社提供服务。

第九条　县级以上各级人民政府应当组织农业行政主管部门和其他有关部门及有关组织，依照本法规定，依据各自职责，对农民专业合作社的建设和发展给予指导、扶持和服务。

第二章　设立和登记

第十条　设立农民专业合作社，应当具备下列条件：

（一）有五名以上符合本法第十四条、第十五条规定的成员；

（二）有符合本法规定的章程；

（三）有符合本法规定的组织机构；

（四）有符合法律、行政法规规定的名称和章程确定的住所；

（五）有符合章程规定的成员出资。

第十一条　设立农民专业合作社应当召开由全体设立人参加的设立大会。设立时自愿成为该社成员的人为设立人。

设立大会行使下列职权：

（一）通过本社章程，章程应当由全体设立人一致通过；

（二）选举产生理事长、理事、执行监事或者监事会成员；

（三）审议其他重大事项。

第十二条　农民专业合作社章程应当载明下列事项：

（一）名称和住所；

（二）业务范围；

（三）成员资格及入社、退社和除名；

（四）成员的权利和义务；

（五）组织机构及其产生办法、职权、任期、议事规则；

（六）成员的出资方式、出资额；

（七）财务管理和盈余分配、亏损处理；

（八）章程修改程序；

（九）解散事由和清算办法；

（十）公告事项及发布方式；

（十一）需要规定的其他事项。

第十三条　设立农民专业合作社，应当向工商行政管理部门提交下列文件，申请设立登记：

（一）登记申请书；

（二）全体设立人签名、盖章的设立大会纪要；

（三）全体设立人签名、盖章的章程；

（四）法定代表人、理事的任职文件及身份证明；

（五）出资成员签名、盖章的出资清单；

（六）住所使用证明；

（七）法律、行政法规规定的其他文件。

登记机关应当自受理登记申请之日起二十日内办理完毕，向符合登记条件的申请者颁发营业执照。

农民专业合作社法定登记事项变更的，应当申请变更登记。

农民专业合作社登记办法由国务院规定。办理登记不得收取费用。

第三章　成　员

第十四条　具有民事行为能力的公民，以及从事与农民专业合作社业务直接有关的生产经营活动的企业、事业单位或者社会团体，能够利用农民专业合作社提供的服务，承认并遵守农民专业合作社章程，履行章程规定的入社手续的，可以成为农民专业合作社的成员。但是，具有管理公共事务职能的单位不得加入农民专业合作社。

农民专业合作社应当置备成员名册，并报登记机关。

第十五条 农民专业合作社的成员中，农民至少应当占成员总数的百分之八十。

成员总数二十人以下的，可以有一个企业、事业单位或者社会团体成员；成员总数超过二十人的，企业、事业单位和社会团体成员不得超过成员总数的百分之五。

第十六条 农民专业合作社成员享有下列权利：

（一）参加成员大会，并享有表决权、选举权和被选举权，按照章程规定对本社实行民主管理；

（二）利用本社提供的服务和生产经营设施；

（三）按照章程规定或者成员大会决议分享盈余；

（四）查阅本社的章程、成员名册、成员大会或者成员代表大会记录、理事会会议决议、监事会会议决议、财务会计报告和会计账簿；

（五）章程规定的其他权利。

第十七条 农民专业合作社成员大会选举和表决，实行一人一票制，成员各享有一票的基本表决权。

出资额或者与本社交易量（额）较大的成员按照章程规定，可以享有附加表决权。本社的附加表决权总票数，不得超过本社成员基本表决权总票数的百分之二十。享有附加表决权的成员及其享有的附加表决权数，应当在每次成员大会召开时告知出席会议的成员。

章程可以限制附加表决权行使的范围。

第十八条 农民专业合作社成员承担下列义务：

（一）执行成员大会、成员代表大会和理事会的决议；

（二）按照章程规定向本社出资；

（三）按照章程规定与本社进行交易；

（四）按照章程规定承担亏损；

（五）章程规定的其他义务。

第十九条 农民专业合作社成员要求退社的，应当在财务年度终了的三个月前向理事长或者理事会提出；其中，企业、事业单位或者社会团体成员退社，应当在财务年度终了的六个月前提出；章程另有规定的，从其规定。退社成员的成员资格自财务年度终了时终止。

第二十条　成员在其资格终止前与农民专业合作社已订立的合同，应当继续履行；章程另有规定或者与本社另有约定的除外。

第二十一条　成员资格终止的，农民专业合作社应当按照章程规定的方式和期限，退还记载在该成员账户内的出资额和公积金份额；对成员资格终止前的可分配盈余，依照本法第三十七条第二款的规定向其返还。

资格终止的成员应当按照章程规定分摊资格终止前本社的亏损及债务。

第四章　组织机构

第二十二条　农民专业合作社成员大会由全体成员组成，是本社的权力机构，行使下列职权：

（一）修改章程；

（二）选举和罢免理事长、理事、执行监事或者监事会成员；

（三）决定重大财产处置、对外投资、对外担保和生产经营活动中的其他重大事项；

（四）批准年度业务报告、盈余分配方案、亏损处理方案；

（五）对合并、分立、解散、清算作出决议；

（六）决定聘用经营管理人员和专业技术人员的数量、资格和任期；

（七）听取理事长或者理事会关于成员变动情况的报告；

（八）章程规定的其他职权。

第二十三条　农民专业合作社召开成员大会，出席人数应当达到成员总数三分之二以上。

成员大会选举或者作出决议，应当由本社成员表决权总数过半数通过；作出修改章程或者合并、分立、解散的决议应当由本社成员表决权总数的三分之二以上通过。章程对表决权数有较高规定的，从其规定。

第二十四条　农民专业合作社成员大会每年至少召开一次，会议的召集由章程规定。有下列情形之一的，应当在二十日内召开临时成员大会：

（一）百分之三十以上的成员提议；

（二）执行监事或者监事会提议；

（三）章程规定的其他情形。

第二十五条　农民专业合作社成员超过一百五十人的，可以按照章程规定设立成员代表大会。成员代表大会按照章程规定可以行使成员大会的部分或者全部职权。

第二十六条　农民专业合作社设理事长一名，可以设理事会。理事长为本社的法定代表人。

农民专业合作社可以设执行监事或者监事会。理事长、理事、经理和财务会计人员不得兼任监事。

理事长、理事、执行监事或者监事会成员，由成员大会从本社成员中选举产生，依照本法和章程的规定行使职权，对成员大会负责。

理事会会议、监事会会议的表决，实行一人一票。

第二十七条　农民专业合作社的成员大会、理事会、监事会，应当将所议事项的决定作成会议记录，出席会议的成员、理事、监事应当在会议记录上签名。

第二十八条　农民专业合作社的理事长或者理事会可以按照成员大会的决定聘任经理和财务会计人员，理事长或者理事可以兼任经理。经理按照章程规定或者理事会的决定，可以聘任其他人员。

经理按照章程规定和理事长或者理事会授权，负责具体生产经营活动。

第二十九条　农民专业合作社的理事长、理事和管理人员不得有下列行为：

（一）侵占、挪用或者私分本社资产；

（二）违反章程规定或者未经成员大会同意，将本社资金借贷给他人或者以本社资产为他人提供担保；

（三）接受他人与本社交易的佣金归为己有；

（四）从事损害本社经济利益的其他活动。

理事长、理事和管理人员违反前款规定所得的收入，应当归本社所有；给本社造成损失的，应当承担赔偿责任。

第三十条　农民专业合作社的理事长、理事、经理不得兼任业务性质相同的其他农民专业合作社的理事长、理事、监事、经理。

第三十一条　执行与农民专业合作社业务有关公务的人员，不得担任农民专业合作社的理事长、理事、监事、经理或者财务会计人员。

第五章　财务管理

第三十二条　国务院财政部门依照国家有关法律、行政法规，制定农民专业合作社财务会计制度。农民专业合作社应当按照国务院财政部门制定的财务会计制度进行会计核算。

第三十三条 农民专业合作社的理事长或者理事会应当按照章程规定，组织编制年度业务报告、盈余分配方案、亏损处理方案以及财务会计报告，于成员大会召开的十五日前，置备于办公地点，供成员查阅。

第三十四条 农民专业合作社与其成员的交易、与利用其提供的服务的非成员的交易，应当分别核算。

第三十五条 农民专业合作社可以按照章程规定或者成员大会决议从当年盈余中提取公积金。公积金用于弥补亏损、扩大生产经营或者转为成员出资。

每年提取的公积金按照章程规定量化为每个成员的份额。

第三十六条 农民专业合作社应当为每个成员设立成员账户，主要记载下列内容：

（一）该成员的出资额；

（二）量化为该成员的公积金份额；

（三）该成员与本社的交易量（额）。

第三十七条 在弥补亏损、提取公积金后的当年盈余，为农民专业合作社的可分配盈余。

可分配盈余按照下列规定返还或者分配给成员，具体分配办法按照章程规定或者经成员大会决议确定：

（一）按成员与本社的交易量（额）比例返还，返还总额不得低于可分配盈余的百分之六十；

（二）按前项规定返还后的剩余部分，以成员账户中记载的出资额和公积金份额，以及本社接受国家财政直接补助和他人捐赠形成的财产平均量化到成员的份额，按比例分配给本社成员。

第三十八条 设立执行监事或者监事会的农民专业合作社，由执行监事或者监事会负责对本社的财务进行内部审计，审计结果应当向成员大会报告。

成员大会也可以委托审计机构对本社的财务进行审计。

第六章 合并、分立、解散和清算

第三十九条 农民专业合作社合并，应当自合并决议作出之日起十日内通知债权人。合并各方的债权、债务应当由合并后存续或者新设的组织承继。

第四十条 农民专业合作社分立，其财产作相应的分割，并应当自分立决议作出之日起十日内通知债权人。分立前的债务由分立后的组织承担连带责任。但是，在分立前与债权人就债务清偿达成的书面协议另有约定的除外。

第四十一条 农民专业合作社因下列原因解散：

（一）章程规定的解散事由出现；

（二）成员大会决议解散；

（三）因合并或者分立需要解散；

（四）依法被吊销营业执照或者被撤销。

因前款第一项、第二项、第四项原因解散的，应当在解散事由出现之日起十五日内由成员大会推举成员组成清算组，开始解散清算。逾期不能组成清算组的，成员、债权人可以向人民法院申请指定成员组成清算组进行清算，人民法院应当受理该申请，并及时指定成员组成清算组进行清算。

第四十二条　清算组自成立之日起接管农民专业合作社，负责处理与清算有关未了结业务，清理财产和债权、债务，分配清偿债务后的剩余财产，代表农民专业合作社参与诉讼、仲裁或者其他法律程序，并在清算结束时办理注销登记。

第四十三条　清算组应当自成立之日起十日内通知农民专业合作社成员和债权人，并于六十日内在报纸上公告。债权人应当自接到通知之日起三十日内，未接到通知的自公告之日起四十五日内，向清算组申报债权。如果在规定期间内全部成员、债权人均已收到通知，免除清算组的公告义务。

债权人申报债权，应当说明债权的有关事项，并提供证明材料。清算组应当对债权进行登记。

在申报债权期间，清算组不得对债权人进行清偿。

第四十四条　农民专业合作社因本法第四十一条第一款的原因解散，或者人民法院受理破产申请时，不能办理成员退社手续。

第四十五条　清算组负责制定包括清偿农民专业合作社员工的工资及社会保险费用，清偿所欠税款和其他各项债务，以及分配剩余财产在内的清算方案，经成员大会通过或者申请人民法院确认后实施。

清算组发现农民专业合作社的财产不足以清偿债务的，应当依法向人民法院申请破产。

第四十六条　农民专业合作社接受国家财政直接补助形成的财产，在解散、破产清算时，不得作为可分配剩余资产分配给成员，处置办法由国务院规定。

第四十七条　清算组成员应当忠于职守，依法履行清算义务，因故意或者重大过失给农民专业合作社成员及债权人造成损失的，应当承担赔偿责任。

第四十八条　农民专业合作社破产适用企业破产法的有关规定。但是，破产财产在清偿破产费用和共益债务后，应当优先清偿破产前与农民成员已发生交易但尚未结清的款项。

第七章　扶持政策

第四十九条　国家支持发展农业和农村经济的建设项目，可以委托和安排有条件的有关农民专业合作社实施。

第五十条　中央和地方财政应当分别安排资金，支持农民专业合作社开展信息、培训、农产品质量标准与认证、农业生产基础设施建设、市场营销和技术推广等服务。对民族地区、边远地区和贫困地区的农民专业合作社和生产国家与社会急需的重要农产品的农民专业合作社给予优先扶持。

第五十一条　国家政策性金融机构应当采取多种形式，为农民专业合作社提供多渠道的资金支持。具体支持政策由国务院规定。

国家鼓励商业性金融机构采取多种形式，为农民专业合作社提供金融服务。

第五十二条　农民专业合作社享受国家规定的对农业生产、加工、流通、服务和其他涉农经济活动相应的税收优惠。

支持农民专业合作社发展的其他税收优惠政策，由国务院规定。

第八章　法律责任

第五十三条　侵占、挪用、截留、私分或者以其他方式侵犯农民专业合作社及其成员的合法财产，非法干预农民专业合作社及其成员的生产经营活动，向农民专业合作社及其成员摊派，强迫农民专业合作社及其成员接受有偿服务，造成农民专业合作社经济损失的，依法追究法律责任。

第五十四条　农民专业合作社向登记机关提供虚假登记材料或者采取其他欺诈手段取得登记的，由登记机关责令改正；情节严重的，撤销登记。

第五十五条　农民专业合作社在依法向有关主管部门提供的财务报告等材料中，作虚假记载或者隐瞒重要事实的，依法追究法律责任。

第九章　附　则

第五十六条　本法自 2007 年 7 月 1 日起施行。

主要参考文献

专 著:

[1] 张晓山,苑鹏. 合作经济理论与中国农民合作社的实践 [M]. 北京:首都经济贸易大学出版社,2009.

[2] 中共中央马克思恩格斯列宁斯大林著作编译局. 马克思恩格斯选集:第3卷 [M]. 北京:人民出版社,1995.

[3] 中共中央马克思恩格斯列宁斯大林著作编译局. 马克思恩格斯选集:第4卷 [M]. 北京:人民出版社,1995.

[4] 中共中央马克思恩格斯列宁斯大林著作编译局. 马克思恩格斯全集:第21卷. [M]. 北京:人民出版社,2003.

[5] 蒋玉珉. 合作经济思想史论 [M]. 合肥:安徽人民出版社,2008.

[6] 季特. 英国合作运动史 [M]. 吴克刚,译. 北京:商务印书馆,1931.

[7] 农业部农村经济体制与经营管理司,农业部农村合作经济经营管理总站,农业部管理干部学院. 中国农民专业合作社发展报告 (2006—2010) [R]. 北京:中国农业出版社,2011:1-2.

[8] 刘明祖,李春亭,安建,等.《农民专业合作社法》导读 [M]. 中国民主法制出版社,2007.

[9] 西昌市农民专业合作经济组织发展工作领导小组. 西昌市农民专业合作社发展工作手册 [G]. 2010 (6).

[10] 高鸿业. 西方经济学 (微观部分) [M]. 北京:中国人民大学出版社,2011.

[11] 陈国阶,等. 2003 中国山区发展报告 [M]. 北京:商务印书馆,2004.

[12] 邓国胜. 非营利组织评估 [M]. 北京:社会科学文献出版社,2001.

[13] 凉山彝族自治州地方志编纂委员会. 凉山彝族自治州州志 (1991—2006) [M]. 北京：方志出版社，2011.

[14] 张千友. 新中国农业合作化思想研究 (1949—2009 年) [M]. 成都：西南财经大学出版社，2014.

论 文：

[1] 贺雪峰. 经济合作组织：高合作成本低合作收益如何解决 [J]. 人民论坛，2006 (17).

[2] Yifu Lin. Journal of Political Economy，Volume 98，1990 (6).

[3] 郭晓鸣，廖祖君. 公司领办型合作社的形成机理与制度特征——以四川省邛崃市金利猪业合作社为例 [J]. 中国农村观察，2010 (5).

[4] 傅新红，等. 四川省农民专业合作社治理机制与绩效研究 [R]. 成都：四川农业大学，2011.

[5] 张千友，蒋和胜. 专业合作、重复博弈与农产品质量安全水平提升的新机制 [J]. 农村经济，2011. (10).

[6] 农业部经管总站. 2011 年农民专业合作社发展情况 [J]. 农村经营管理，2012.

[7] 四川省农业厅. 四川省农民专业合作社发展势头良好 [J]. 四川农业科技，2013 (5).

[8] 黄宗智，彭玉生. 三大历史性变迁的交汇与中国小规模农业的前景 [J]. 中国社会科学，2007 (4).

[9] 牛若峰. 当代农村合作经济的新发展 [J]. 中国农村信用合作，2001 (02).

[10] 陈婉玲. 合作社思想的源流与嬗变 [J]. 华东政法大学学报，2008 (4).

[11] 国鲁来. 合作社的产生及马克思恩格斯的合作社思想 [J]. 马克思主义研究，2008 (3).

[12] 徐金海. "公司+农户" 经营组织的制度缺陷及其改进思路 [J]. 农业经济，2002 (12).

[13] 戚天福，蔡光泽，张千友. 凉山新型农民合作组织生存现状调查及发展对策研究 [R]. 西昌：凉山州决策咨询委员会，2013.11.

[14] 戚天福，蔡光泽，张千友. 国外农业合作组织发展概况及其对凉山的启示 [J]. 凉山决策咨询 (第 1 期)，2013 (12) .

[15] 张千友. 张闻天早期农业合作经济思想研究 [J]. 西昌学院学报

（自然科学版），2013（2）.

　　[16] 张千友. 构建新型农业经营体制的时机、环境及着力点把握 [J].
新型农业经营体系（论文集），2013（7）.

　　[17] 张千友，朱富华. 山区农民专业合作社发展的困境与突破——基于
凉山彝族自治州会东县的实证研究 [J]. 西昌学院学报（自然科学版），2014
（3）.

　　[18] 张千友. 农业劳动日工价的现状、问题与对策 [J]. 云南社会科学，
2011（3）.

　　[19] 张千友. 农业劳动日工价对农民收入水平影响的实证研究 [J]. 上
海立信会计学院学报，2010（2）.

　　[20] 张千友. 同工不同酬：现实状况、负面效应与政策建议 [J]. 华南
农业大学学报，2011（3）.

　　[21] 张千友，王兴华. 民族地区：自然资源、经济增长与经济发展方式
的转变研究 [J]. 中央民族大学学报：社会科学版，2011（4）.